Otto W. Bringer

Gewalt ausüben oder vermeiden?

Schicksalsfrage seit Kain & Abel

Copyright: © 2021 Otto W. Bringer
Satz: Erik Kinting – www.buchlektorat.net
Umschlaggestaltung Otto W. Bringer Otto W. Bringer
einschließlich des Fotos Kain und Abel vom Genter
Altar der Gebrüder van Eyck.

Verlag und Druck:
tredition GmbH
Halenreie 40-44
22359 Hamburg

978-3-347-35381-7 (Paperback)
978-3-347-35382-4 (Hardcover)
978-3-347-35383-1 (e-Book)

Bibliografische Information der Deutschen Nationalbibliothek:
Die Deutsche Nationalbibliothek verzeichnet diese
Publikation in der Deutschen Nationalbibliografie;
detaillierte bibliografische Daten sind im Internet über
http://dnb.d-nb.de abrufbar.

Das Umschlagbild zeigt einen Ausschnitt aus dem berühmten Genter Altar der Gebrüder van Eyck. In der Lünette erschlägt «Kain» seinen jüngeren Bruder «Abel mit einer Axt. Wäre es heute noch so, müsste Kain sich vor einem Gericht verantworten. Seine Ausrede, Gott habe ihn mehr geliebt als ihn, hätte ihn nicht vor Bestrafung bewahrt. Eifersucht, nicht nur in Paarbeziehungen, auch in Geschäften auch heute noch ein Grund, zu töten. Das Dilemma unserer Zeit scheint dasselbe zu sein. Ebenso wie früher müssen Unschuldige leiden, Täter kommen ungestraft davon. Frauen ihre Opfer, Kinder, ganze Völker, weil das Böse an der Macht ist. Immer schon haben Despoten andere erniedrigt, sogar umgebracht. Weil sie ihnen nicht folgten, andere Meinungen vertraten. Oder einfach nur, weil sie anders waren. Anderer Religion, Hautfarbe oder Kultur. Gewalt herrscht bis heute in Familien, Schulen, bei Polizei und Militär. In privaten und öffentlichen Gemeinschaften. Subtiler oft und schwer zu ahnden. Nicht nur physische Gewalt, mehr noch psychische mit ausgeklügelten Methoden. Heute fühlt sich fast jeder auf irgendeine Weise unterdrückt oder eingeschränkt.

Früher nur unmittelbar Betroffenen, Verwandten und Freunden bekannt. Literaten hielten es in Briefen und Büchern fest. Shakespeare in seinen

Dramen. Maler wie Goya und Picasso in ihren Gemälden. Heute erfährt es die ganze Welt dank modernster Datentechnik. Und alle müssten betroffen sein. Sind sie es? Protestieren sie? Mutig, ihre Meinung offenzulegen? Jeder hat eine Meinung zu allem, was passiert. Beeinflusst heute mehr vom Mainstream als durch Bildung. Äußert sie oder auch nicht. Meinung aber bestimmt sein Denken und Handeln. Beeinflusst andere und Gruppen entstehen, die alles daransetzen, den öffentlichen Diskurs zu bestimmen. Leider tragen sie zu einer Stimmung bei, die Verständnis und friedliches Zusammenleben erschwert.

Ich habe mich entschlossen, in diesem Buch historisch Bewiesenes zum Thema Gewalt und ihren Spielarten offenzulegen. Auch eigene Erfahrungen mit in Jahrzehnten geänderten Meinungen zu bekennen. Hoffe, es gelingt mir, Gandhi folgend, mit der Kraft des Wortes zu überzeugen. Gebe zu, dass es nicht immer gelingt. Meine Meinung über Menschen und Sachen sich ändert. Beeinflusst von allem, was passiert. Schon früh vom Tod meiner Mutter und zwölf Jahren Nazizeit. Krieg und Todesangst. Als Selbstständiger von Erfolg und Misserfolg. Von Krankheit und Tod geliebter Menschen, Freund, Tochter, Ehefrau. Von allem, was hier und in der Welt geschieht. Habe lernen müssen, dass alles sich ändert. Nur eines darf sich nicht ändern: Sich wehren gegen Gewalt, wo immer sie angewendet wird. Und sei es nur mit Worten. Eine Bitte noch:

Schildern Sie an einem Beispiel Ihre Abscheu von Gewalt auf den anhängenden leeren Seiten dieses Buches. Oder heften es ausgedruckt hinein. Stellen das Buch in Ihren Bücherschrank. Kinder und Erben werden Ihre friedliche Meinung kennenlernen und stolz auf Sie sein.

30. März 1927, ein Tag, der über mein Leben entschied. Wenn ich nicht an diesem 30. März das Licht der Welt erblickt, hätte ein anderer sie möglicherweise anders beurteilt als ich. Keineswegs aber lichterfüllt und voller Optimismus. Ich betrachte sie aus der Perspektive eines, der Architektur und Kunst studierte. Gelernt, Realität und Fantasie zu unterscheiden. Unter diesem Aspekt fiel mir schon früh auf, ob ich wollte oder nicht, dass Menschen sich disparat verhalten. Mal harmoniesüchtig, mal streitlustig bis zur Anwendung von Gewalt. Dann greifen Medien es gierig auf. Setzen es als Fakt auf die Titelseiten. Journalistischem Ethos folgend, aufzuklären. Oder maß-

los übertrieben, die Auflage zu erhöhen. Jede Version findet Abnehmer in der Öffentlichkeit. Beeinflusst Meinungen. Statistiken beweisen, die Gewaltbereitschaft hat in jüngerer Zeit überproportional zugenommen. Nicht nur physischer, auch psychischer Art. Medien dürften dabei keine geringe Rolle spielen. Sind sie ehrlich, müssten auch Autolenker zugeben, jeden langsam vor ihm her schleichenden Automobilisten umbringen zu wollen.

Auch das, was ich in den neun Jahrzehnten meines bisherigen Lebens erlebt, war von Gewalt geprägt. Im privaten und öffentlichen Leben der meisten meiner Generation ausgeübt, mehr noch erlitten. Mit zeitlichem Abstand gewinne ich den Eindruck: In der Menschheitsgeschichte folgte ein Horrorszenario dem anderen. Als kleines Kind nicht wahrgenommen. Aber als Zehnjähriger schon geprägt von der Nazizeit. Gezwungen, als Hitlerjunge Führern zu gehorchen. Pimpfen, die kaum älter waren als ich. Sechzehnjährig als Soldat im zweiten Weltkrieg bereit zu sein, zu kämpfen. Mein noch nicht begonnenes Leben für einen Führer zu opfern. Der mit 54 Millionen Toten als der größte Kriegsverbrecher aller Zeiten in die Geschichte einging.

Zwang, Ungerechtigkeit und Machtanspruch empfand ich schon früh als persönliche Bedrohung. Wehrte mich, so gut ich konnte. Indem ich mich in mich selber verkroch. Die vage Vorstellung im Kopf, es muss etwas geben, das schön und lieb zu mir ist. Und ich mich meinen Träumen hingeben kann. Hitler und seine Vasallen als Störenfriede wahrgenommen. Wie alles, was mir vorschrieb, so oder so zu sein, dies oder das zu tun oder zu unterlassen.

Später auf dem Gymnasium begonnen kontraproduktiv zu denken. Nicht jeden Tag in Uniform außer Haus, wie viel andere. Suchen nach Gleichgesinnten, aber in diesen Zeiten riskant. Musste lernen, nicht einmal Freunden konnte man trauen. Nach dem Krieg erst wurde mir klar, die Nazis schufen bewusst eine Atmosphäre der Angst, ein ganzes Volk gefügig zu machen. In Russland und China verfuhren «Stalin» und «Mao Tse Tung» genauso. Ließen Abermillionen politischer Gegner ermordeten. Wieviel es bei der Vielzahl unbekannter Führer in anderen Ländern sind, kann man nur ahnen. Eines aber ist ihnen gemeinsam:

Diktatoren in Politik und Wirtschaft zwingen ihre Sicht der Dinge Abhängigen auf. Bestrafen rigoros, die sich nicht unterordnen. Chefs von Drogen-Clans und Mafia-Gruppen scheffeln Millionen. Das Risiko, von der Polizei geschnappt zu werden tragen ihre Mitarbeiter. Landen im Knast oder werden von eigenen Kumpanen erschossen, bevor sie Namen verraten könnten. Abgeordnete, die den Auftrag ihrer Wähler ernst nehmen und Beschlüsse ihrer Partei kritisieren, werden auf die hinteren Bänke versetzt oder sonst wie mundtot gemacht. Auch Führer von Unternehmen und Organisationen verfahren ähnlich. Nachbarn, Kollegen, die sich nicht grün sind, ärgern einander oder ignorieren den anderen.

Der Mensch scheint ein moralischer Zwitter zu sein, in seinen Genen angelegt. Einerseits sehnt er sich nach Harmonie mit Menschen in seinem Umfeld. Andererseits denkt er nur an sich selbst. Glaubt, vom Schicksal benachteiligt zu sein. Schuld sind die anderen. Beschimpft und beleidigt, die erfolgreich oder anderer Meinung sind. Andere sehen sich vom Schicksal ausersehen, die Macht an sich zu reißen. Moderne Datentechnik bietet neue, ungeahnte Möglichkeiten, Menschen zu beeinflussen. Soziale Netzwerke machen es so leicht wie nie. Hier wird deutlich, Datentechnik hat, wie jeder Fortschritt, positive und negative Konsequenzen. Jeder, der ein Smartphone besitzt, kann problemlos round the world kommunizieren. Aber auch Nazis und Verschwörungs-Theoretikern die Möglichkeit bieten, andere Meinungen anonym zu diffamieren, ohne juristische Konsequenzen fürchten zu müssen. Sogar Morddrohungen in die Welt setzen, ohne belangt zu werden. Die Welt von heute scheint nur noch Feindbilder zu kennen. Auffällig, dass fast nur Männer die Akteure sind.

Gleichwohl, wir haben uns daran gewöhnt, dass ein gewisser Typ von Mensch Gründe findet, andere zu verachten. Aus einer Gemeinschaft auszuschließen. Unschuldige töten, ganze Völker vernichten oder zur Flucht zwingen. In Jahrhunderten gewachsene Kulturen zerstören. Wir haben verlernt zu differenzieren. Nach Gründen zu fragen, um zu verstehen, warum ein Mensch böse ist. Aber nicht mehr fähig, objektiv zu denken. Beeinflusst und gleichzeig gelangweilt vom Meinungs-Streit der politischen Parteien. Abgestumpft durch nonstop-Konsum von Krimis im Fernsehen auf allen Kanälen. Verbrechen werden verherrlicht. Täter entschuldigt. Verkehrte Welt.

Anfang 2020 schien auch Corona eine der gewohnten Turbulenzen auszulösen. In die Kategorie Grippe zu fallen. Nicht viel schlimmer als sonst im frühen Jahr. Was niemand wusste, eine Riesenarmee mikrokleiner Viren überfiel zuerst China. Eroberte bald danach fast alle Länder der Erde. Ein gefundenes Fressen für die Medien. Tagtäglich Horrormeldungen. Mit der Folge: alle haben

Angst. Politik überfordert. Populisten nutzten es als Chance, Schuldige zu nennen. Immer, wenn Unerwartetes, Überraschendes geschieht. Niemand fragt sich selbst, bin ich nicht mit daran schuld? Weil ich Masken nicht mag und keine Distanz zum Nächsten halten will. Unternehmen lange schon alles laufen ließen, Hauptsache Geld verdienen bei lukrativen Geschäften mit Ländern, in denen es nur korrupten Eliten gut geht.

Mal ist alles erlaubt, fügt man sich Mächtigen. Nichts erlaubt denen, die Widerstand leisten oder anders sind. Am besten mischt man sich nicht ein. Im japanischen Sprichwort über das Böse in der Welt halten drei Affen ihre Hände vor Augen, Ohren und Mund: Sehe nichts, höre nichts, sage nichts. In diesem Buch will ich versuchen, Ereignisse zu vergleichen. Zu erklären, warum fast ausschließlich Männer gewalttätig sind. Sich alles erlauben, anderen aber nichts gönnen oder umbringen, gefährden sie ihre Vormachtstellung.

Selbst erfuhr ich schon früh, was es heißt, vieles nicht zu dürfen. Anderes zu müssen. Nach über neun Jahrzehnten bereit, mein Leben offenzulegen. Spiegelt es doch eine Periode, die für viele die schlimmste Zeit ihres Lebens war. Für mich eher eine Art Übergang. Zuerst nur gefühlt, nach und nach erst gewusst, was wirklich geschah.

Geboren als erstes Kind von drei Geschwistern. Karl Otto Bringer, ein Zweimetermann, zeugte mich. Nannte sich stolz Carolus Magnus. Elisabeth, seine Frau, von ihm Elli gerufen, brachte mich auf die Welt. Beide schnell darin einig, mich Otto zu nennen, Papas zweiter Rufname. Warum ich zwei Wochen zu früh das Licht der Welt erblickte, hat mir niemand erzählt. Traut man dem Taufschein, erblickte ich pünktlich um 05:10 Uhr in der Früh des 30. März 1927 das Licht der Welt. Soll vor lauter Freude laut geschrienen haben. Karl und Elli sich angesehen und zufrieden genickt. Sie müssen mich sehr geliebt haben. Wie man Erstgeborene liebt, vom Wunder der Menschwerdung überwältigt.

Knapp zwei Jahre war ich allein der Liebling, verwöhnt und an Mamas Brüsten gehangen. Zweimal neun Monate später die erste interfamiliäre Konkurrenz: Bruder Karl, wie Papa gerufen. Großvater väterlicherseits nannte ihn bald schon Rolebub. Abgeleitet von Carolus Magnus. Nach weiteren zweiundzwanzig Monaten eine Schwester. Elisabeth wie Mamas Vorname, unverkürzt. Später nannte man sie Lisbeth oder Li. Namen wurden damals tradiert wie in Familien des hohen Adels.

Nur ohne Titel. Man berief sich dabei gern auf Könige und Kaiser. Verehrt in mehr als 1000 Jahren als von Gott gewollte Herrscher. Bis 1918 Kaiser Wilhelm II. nach verlorenem Krieg abdanken musste. Ein Parlament bemüht, erstmals in Deutschland eine Demokratie zu realisieren. Und scheiterte, wie jeder weiß.

In den ersten sechs Jahren gemeinsamen Lebens trübte nichts unsere Gemeinsamkeit. Umsorgt von streichelnden Händen und schmeichelnden Tönen. Mama besaß eine Geige. Erinnere es wie ein Märchen. Erfunden und doch wahr. Abends spielte sie Brahms' «Guten Abend, gut Nacht, von Englein bewacht». Papas Brummbass noch im Ohr. Mama aber mir näher als Papa. Ihr musikalisches Talent geerbt. Schöne Frau auf dem einzigen Foto, das ich von ihr besitze. Rahmte es silbern ein und stellte es auf das erste Klavier, das ich mir leisten konnte. Damit sie mich anschaut. Spiele ich aus einer Mozart-Sonate für Geige und Piano den Klavierpart, höre ich ihre Geige. Erinnere alles wieder unwirklich, märchenhaft, was ich als Kind erlebte.

Denke ich an Mama, nur Musik in meinem Kopf. Zärtlich, als streichele ihre Hand mir übers Haar. Beruhigend, bin ich nervös. Ermuntert, wenn Melancholie mich überfällt. Angespornt, will ich aufgeben. Geigentöne sind gesungene Sprache. Weil sie der Stimme des Menschen am nächsten kommen. Verstehe, was sie sagt, wie sie es meint. Lasse ich mich ganz auf Mama ein. Als ich sechs war, starb sie. Begann schon bald, ihrer Geige Töne zu entlocken. Um ihr nahe zu sein. Auch wenn andere sich die Ohren zuhielten oder das Zimmer verließen. Spiele ich heute auf ihrer Geige, ist es, als spräche Mama zu mir.

Damals aber eine Zeit, die alles andere als glücklich machte. Chaotisch wie heute in der Corona-Krise, niemand seines Lebens sicher. Dennoch nicht vergleichbar mit der derzeit grassierenden Pandemie. Damals waren alle einem Diktator ausgeliefert. Heute einem sich rasant vermehrenden Virus. Damals half niemand Verfolgten, aus Angst, selbst verfolgt und bestraft zu werden. Heute helfen viele Menschen von Corona betroffenen Familien. Staaten helfen Firmen mit Milliarden Euro, fehlende Aufträge zu kompensieren. Mit Kurzarbeitergeld Arbeitern und Angestellten, Lohnausfälle zu verschmerzen. Selbstständige und Künstler aber sich selbst überlassen, weil sie nicht systemrelevant seien.

1932 mussten Millionen Menschen ein ähnliches Schicksal erleiden. Keine Arbeit und kein Geld, von heute auf morgen zu kommen. Sechs Millionen arbeitslos, die höchste Zahl seit der Industrialisierung Anfang des 19. Jahrhunderts. Der Staat pleite und keine Aussicht auf Besserung. Die Inflation des Geldes als Folge einer internationalen Bankenkrise auf ihrem Höhepunkt. Brot, für 10 Mark schon teuer, kostete am nächsten Tag schon 500 Mark, in der folgenden Woche bereits eine halbe Million.

Die Löhne konnten nicht mithalten, weil immer mehr Unternehmen insolvent wurden. Von ihren Banken keine Kredite mehr bekamen, weil auch die zahlungsunfähig. Die deutsche Zentralbank nicht in der Lage, sie wie bisher mit Liquidität versorgen. Weil amerikanische Großbanken ihr weiteres Geld verweigerten. Nachdem sie gewährte Kredite plus Zinsen nicht zurückgezahlt hatten. Alles Gründe für die große Zahl von Arbeitslosen. Arbeiter und Angestellte ohne Job verdienten kein Geld mehr, die monatliche Miete zu bezahlen. Hausbesitzer keine Mieteinnahmen, um Reparaturen durchzuführen. Ladenbesitzer gezwungen, Ware auf Pump abzugeben. Hoffend, irgendwann bezahlen sie 's.

Massen protestierten auf Straßen und öffentlichen Plätzen. Allen voran Mitglieder der kommunistischen Partei. Mit Transparenten: «Gebt uns Arbeit oder wir schießen!» Schwenkten rote Fahnen. Immer mehr Männer in braunen Hemden auf Protestmärschen. Armbinden mit dem Hakenkreuz, Breecheshosen und Stiefeln. Andere in Uniformen des verlorenen ersten Weltkrieges 1914/18. Marschierten bei Blasmusik im gleichen Schritt und Tritt, als hätten sie den Krieg gewonnen.

Auch in Münchens vielbesuchtem «Hofbräuhaus» suchten Massen Trost bei Bier und Hass-Tiraden auf die Obrigkeit. Plötzlich tauchte ein neues Gesicht auf. Eines mit kurzem Schnäuzer unter der Nase. Das Haar über niederer Stirn herausfordernd schräg gescheitelt. Von braunen Uniformen als «Adolf Hitler» angekündigt. Der soll wie auf Knopfdruck sofort aufgesprungen sein. Geredet und die Fäuste geballt. Österreicher, wie man hörte und zornig, wie alle im Saal. Arbeitslos und enttäuscht von der Politik. Aufmerksam wie lange nicht mehr lauschten sie einem, der Hoffnung signalisierte:

„Mit uns wird Deutschland nach dem verlorenen Weltkrieg wieder mächtig werden. Den Frieden von Versailles leugnen wir, weil ohne uns abgeschlossen. Aber Fabriken requiriert, die Staatskasse geplündert. Wir werden uns zu wehren wissen. Autobahnen bauen und Rüstungs-Betriebe.

Alle Deutschen werden wieder einen sicheren Arbeitsplatz haben. Den auch die Politiker in Weimar angekündigt. Dieses ihr großspuriges Versprechen aber nicht gehalten. Bis heute keine Fakten geschaffen, die Deutschland dringend braucht. Das Parlament – nichts anderes als eine Quatschbude."

Aus der Presse erfuhr man, Adolf Hitler war Vorsitzender der «NSDAP». National Sozialistische Deutsche Arbeiter Partei. Mit ihrem Auftritt deutete alles auf bessere Zeiten hin. Über 95% der Deutschen stimmten am 30. Januar 1933 für die NSDAP. Die danach aufgrund des sognannten Ermächtigungs-Gesetzes vom Reichspräsidenten Paul Hindenburg die Macht an sich reißen konnte. Am 30. Januar 1933 ernannte er Hitler zum Kanzler. Einen Tag später, am 1. Februar desselben Jahres entmachtete ein Diktator das Parlament.

Kinder hatten von allem keine Ahnung. Ich gerade in die Schule gekommen und das ABC gelernt. Erste Worte und Sätze gelesen und verstanden. Begierig, auch zu verstehen, was zuhause und auf unserer Straße passierte. Erinnere, bei uns wurde nur über die Familie geredet. Oma, Opa, die Tanten. Gott und die Kirche. Nie über Politik. Obwohl sie täglich die Zeitung lasen. Ob sie sich fürchteten, benachteiligt zu werden, sagten sie ihre ehrliche Meinung? Hatten sie überhaupt eine? Bis heute weiß ich nicht, wie sie über die Nazizeit dachten. Schwiegen bis zu ihrem Tod über das, was sie besorgt und sehr geängstigt haben muss. Als fürchteten sie immer noch, wie früher bestraft zu werden. Oder schämten sie sich? Hätte es gerne gewusst. Erinnere, fünfzehnjährig eine Nacht im Luftschutzkeller, Januar 1943. Alliierte Bomber im Anflug auf Düsseldorf.

Papa mit anderen Männern separiert von Frauen. Die versuchten, ihre Angst mit Stricken, Häkeln oder Rosenkranzbeten zu betäuben. Sah Papa im Gespräch mit Theo Uttendorf, einem Witwer aus der Wohnung über uns. Plötzlich hob Papa seinen rechten Arm zum Hitlergruß und sagte: „So hoch liegt der Schnee in Dachau." Später, viel später wusste ich, was gemeint war: Berge von Leichen. Den Eltern und anderen Erwachsenen muss bekannt gewesen sein, dass die Nazis KZs unterhielten. In denen Volksfeinde eingesperrt und umgebracht wurden. Trauten sich aber nicht, es öffentlich zu kritisieren. Sie wären auch dort gelandet und ermordet worden. Frage mich, hätte ich an ihrer Stelle auf der Straße protestiert?

Fünf Jahre nach dem Krieg geheiratet und glücklich, mit Marga, meiner Frau, mich über alles austauschen zu können. Aus der Vergangenheit gelernt, andere zu tolerieren. Gegenwart genossen und die gemeinsame Zukunft geplant. Deutschland eine Demokratie, in der jeder seine Meinung zu Politik und Gesellschaft äußern konnte, ohne bestraft zu werden. Wollte auch jetzt von Papa wissen, was er damals über die Nazis gedacht. Da er sich ungern zu solchen Dingen äußerte, schrieb ich ihm einen Brief. Bat ihn, mir auch in einem Brief zu antworten. Niemand sollte davon erfahren, auch nicht Gustel, seine zweite Frau.

„Schreib ihm nie wieder einen Brief", rief mich Klara an, acht Jahre jüngere Stiefschwester. „Papa tief im Ohrensessel versunken. Den Umschlag noch in der Hand, dein Brief am Boden. Weinte, schluchzte, als wärst du, sein Sohn, bei einem Verkehrsunfall ums Leben gekommen." Erst nach seinem Tod wollte sie wissen, was ich ihm geschrieben hatte.

Ob er von Hitlers Buch «MEIN KAMPF» gewusst, seinen Inhalt gekannt, habe ich nie erfahren. Obwohl es in Millionen Auflage gedruckt und verbreitet wurde. Selber erst, als ich Jahre später «HITLER», Joachim Fests Interpretation gelesen. Sein Denken und Handeln waren zweifach motiviert: Persönlich enttäuscht, weil er als Soldat im ersten Weltkrieg nicht befördert wurde. Obwohl an vorderster Front gekämpft und verwundet. Blieb der einfache Gefreite wie die meisten. Die Wiener Kunstakademie habe ihn daran gehindert, ein berühmter Maler zu werden. Seinen Aufnahme-Antrag wegen fehlender Begabung abgelehnt. Ein weiteres Motiv widersprüchliche Tendenzen der Nachkriegszeit, die für eine negative Stimmung sorgten.

All das löste in Hitler wirre Gedanken aus. Glaubt sich zum Retter berufen. Suchte aber nicht die Ursache für die damals schlechten Zeiten in historischen Tatbeständen. Auch nicht das Versagen bei sich selbst, sondern fand einen Sündenbock: Das Weltjudentum und seine Gier nach Geld. Manifestiert im Kapitalismus. Juden seien die größten Feinde der Menschheit. Er wolle sie vernichten, die Welt von Schmarotzern befreien.

Nur zwei Jahre nach der Machtergreifung verschafften sich die Nazis mit dem «Nürnberger Rassegesetz» das Recht, Hitlers Forderung in die Tat umzusetzen. Der juristische Auslöser ein Freibrief für den Mord an sechs Millionen Juden. Mehr noch, als Deutschland ab 1939 in fast allen europäischen Ländern Juden und Widerständler kurzerhand zu Volksfeinden erklärte. Steckte sie ins KZ oder ließ sie in Sträflingsanzügen überall da arbeiten, wo es wichtig oder gefährlich war. Erschossen den, der sich weigerte.

Man sollte wissen, Juden waren schon früh in Gesellschaften verachtet. Vor allem in christlichen. Bekamen keine Arbeit, durften nicht einmal selber ein Geschäft eröffnen, das Christen als das ihre betrachteten. Juden haftete der Makel an, Jesus von Nazareth ans Kreuz geliefert zu haben. Bereits im frühen Christentum verschrien als Feinde ihrer Religion. Juden aber sind schlau und gewitzt von Natur. In Jahrhunderten schlechter Erfahrungen geworden, die sie immer noch sind. Man erinnere sich an «Shylock» in Shakespeares Bühnenstück «Der Kaufmann von Venedig». Finden rasch einen Ausweg aus schwierigen Situationen. Registrierten, Geld ist für Christen per se eine Sünde. Es besitzen schon verdächtig, verleihen gegen Zinsen eine Todsünde.

Juden wussten, alle brauchen dieses sündige Geld.

Gründeten flugs Kredit-Institute und Wechselstuben. Jedem zu helfen, der in finanziellen Nöten war. Adeligen und normalen Bürgern. Juden verliehen Geld und nahmen Zinsen dafür. Tauschten Möbel oder Schmuck gegen bares Geld. Und allen war geholfen. Bald entstanden überall in der Welt

Banken, auch in Deutschland. Ihre Gründer angesehen als Mitbürger, erfolgreiche Geschäftsleute und großzügige Mäzene der Kunst. Bis Hitler kam.

Zwei Monate, nachdem Hitler die Macht an sich gerissen, starb meine Mama an Krebs. Der Winter vorbei, wie man mir später erzählte. Erste Krokusse und Narzissen sprossen aus winterkühler Erde. Hoffnung schien aufgegangen wie Blumen im Frühling. In unserer Wohnung war nichts davon zu sehen. Erinnere nur Dunkel. Die Fenster verhängt. Und alles so leer, so ruhig. Ohne Mamas Stimme, ohne ihre Geige. Auch wenn ich, erst sechs Jahre, nicht verstand, warum sie weg war. Für meinen vierjährigen Bruder Karl war die Welt in Ordnung. Fuhr auf dem Linoleumboden mit der hölzernen Eisenbahn, rund um den Küchentisch. Schwesterchen Li schlief in ihrem Bettchen, nachdem ich sie mit Milch aus der Flasche gefüttert. Für mich war die Welt ein dunkles Loch. Mama verschwunden in diesem Loch, ohne ein Wort des Abschieds. Bisher immer da, wo ich war, nie anderswo. Es sei denn, wir fuhren mit ihr. Zu Oma und Opa, ihren Eltern.

Erinnere eine Fahrt zur Hochzeit ihrer Schwester Tilly nach Witten an der Ruhr. Mein Bruder und ich sollten den Hochzeits-Schleier der Tante am

21

seinem Ende anheben. Damit er nicht über den Boden schleifte. Weiß noch wie heute: Bruder Karl und ich schon auf der Straße, Warteten auf Mama und das Taxi. Nachts hatte es lange geregnet. Wasser in Massen strömte in Richtung Gulli. Gluckerte so verlockend, dass wir hineinsprangen, plantschten und uns gegenseitig bespritzten. Unsere Anzüge im Nu nicht mehr festlich, nur noch nass. Mama schimpfte nicht, zog uns andere an. Es wurde ein lustiges Fest mit lauter Leckrigkeiten. Erst Jahre später wurde mir bewusst, es war die schönste Zeit in meinem Leben. Alles war erlaubt und nichts verboten. Bis Papa wieder heiratete.

Seine ehemalige Kollegin, Auguste ihr Name. Gustel von ihren Verwandten genannt. Von Papa habe ich sie nie mit ihrem Vornamen rufen gehört. Auch nicht Karl, wenn sie von Papa sprach. Immer nur: Papa gib mir mal gesagt oder Mutti lass mich mal. Eines Nachmittags saß eine fremde Frau auf dem Sofa. Mein Bruder Karl und ich mussten einen Knicks vor ihr machen und Mutti zu ihr sagen. Schwesterchen im Kinderwagen weinte unaufhörlich. Eine Szene, die ich gut erinnere und nicht vergessen habe. Alles andere nur gefühlt und viele Fragen in Kopf: Ob sie mit uns spielt wie Mama? Oder ist sie streng wie Papas Mutter, unsere Großmutter? Sie kommandierte uns ein Jahr lang nach Mamas Tod, bis Papa Gustel heiratete. Ob es für uns drei Geschwister so schön wird wie früher? Mama großzügig, unterlief uns ein Missgeschick, eine Tasse zerbrochen oder ein Glas. Erinnere, als wäre es gestern geschehen: Vor lauter Dilldopp-Drehen vergaß ich, aufs Klo zu gehen, in die Hose geschissen. Mama nicht geschimpft, mir den Popo abgewischt. Gewaschen und eine frische Hose angezogen. Ein Küsschen auf die Stirn erinnert.

Ob Gustel meinen Namenstag feiert oder nicht, kam mir nicht in den Sinn. Bisher mit Verwandten, Freunden, Kuchen und mancherlei lustigen Spielchen. Pünktlich am 23. März um 16:00 Uhr nachmittags alle rings um den Wohnzimmertisch versammelt. Und ich der Mittelpunkt. Reich beschenkt und immer wieder umarmt und geküsst.

Mein Namens-Patron Kaiser Otto der Große. Wie Kaiser Karl der Große, der meines Papas. Beide bisher ausgiebig gefeiert. Stiefmutter schaffte im nächsten Jahr Papas Namenstags-Feier ab. Ahnte, auch meinen werde ich zwei Monate später nicht feiern dürfen. Gustels Argument: Kaiser seien keine Heiligen. Katholiken müssten Namen von Heiligen haben. Papas Namenspatron sei Kardinal «Karl Borromäus». Meiner Bischof «Otto von Bamberg». Ihrer sei der Kirchenlehrer «Augustinus». Alle Heilige der Römisch Katholischen Kirche. Damals nicht verstanden, warum Heilige Vorbilder sind. Sind sie bessere Menschen als Kaiser? Nur weil die da in Rom sie Heiliggesprochen? Komisch auch, dass Frauen Männernamen haben. Das dunkle Gefühl, mein Geburtstag, eine Woche später, wird nicht gefeiert.

Bei Katholiken kein Anlass, Kuchen zu backen. Nur bei den Evangelischen ein Feiertag. Erst wird ein Mensch geboren, dann ihm einen Namen gegeben. Klingt logisch aus der Sicht von Erwachsenen. Logik aber kein Kriterium, wenn 's um den Glauben geht. Als Mama Elly noch lebte, feierten wir beides. Auch jedes Mal, wenn uns Oma und Opa besuchten. Oder den Tag, als ich in die Schule kam. Jetzt nur noch an Namenstagen und kirchlichen Festen. Geburtstage nicht mehr im Wand-Kalender notiert wie früher. Erste Erfahrung, von einer Obrigkeit vorgeschrieben zu bekommen, was man darf oder nicht. Ohne im Entferntesten zu ahnen, dass es in den Corona Jahren 2020/21 nicht anders ist.

Nicht erlaubt alles, was bei Stiefmutter Gustel auf dem Index stand. Mit dem Finger in der Nase bohren, gegen Türen treten, aus Puddingschüsseln naschen, barfuß laufen, Schule oder Andacht schwänzen. Erlaubt aber, was mit Kirche und Religion zu tun hatte. Frage mich heute, warum hatte Papa nicht eingegriffen? Wie heute Menschen gegen Lockdown protestieren. Weil sie ihn als Eingriff in das Freiheitsrecht des Einzelnen ablehnen. Musste auch er parieren? Oder schwieg er um des lieben Friedens willen? Besuchte die Abendmesse in Düsseldorf, danach in den «Ürigen». Seit Jahren seine Stammkneipe mit selbst gebrautem Altbier.

Mich, später auch Bruder Karl, jagte Gustel jeden Sonntag früh um 06:45 Uhr aus dem Haus in die Kirche. Nüchtern, um zu kommunizieren. Muss zugeben, gern als Messdiener dem Priester gedient. Zehnmal lieber als Hitlers Jugendführern. Stolz, vor dem Altar wie auf einer Bühne von allen gesehen zu werden. Wie Priester in Gewändern, standen, knieten oder hin- und hergingen. Dienten auch dem großen Unsichtbaren, wenn kein Priester anwesend war.

Zum Beispiel in Andachten am Sonntagnachmittag.

Die aber waren eine Qual. Mussten in vollem Ornat eine ganze Stunde vor dem Altar knien. Nichts tun dürfen wie bei der Messe. Dem Priester helfen, das schwere Messbuch auf die andere Seite des Altars bringen. Oder Kännchen mit Wasser und Wein reichen. Schweigend eine Stunde knien, während Papa sicher gemütlich im Sessel saß und sich Pfeife rauchend von Schumans Rheinischer Sinfonie berieseln ließ.

Fühle es wie damals. Nur gekniet und geschwiegen. Keine Orgel spielte, kein verirrter Spatz suchte piepsend nach einem Notausgang. Still war 's, bis auf gelegentliches Hüsteln. Versuchte, an anderes zu denken. Weil diese eine zehn Stunden zu dauern schien. Dachte mit Grauen an die Mathe-Arbeit am nächsten Morgen. An lustige Ferien bei unseren Großeltern in der Eifel. Bei ihnen zum ersten Mal erlebt, dass Freizeit Spaß bedeutet.

Großvater zeigte uns, wie man aus Weidenholz und einer Schnur einen Flitzebogen bastelt. Pfeile aus dünnen Zweigen mit einer Metallspitze aus dem Eisenwarengeschäft. Lernten die Zielscheibe zu treffen. Ratten im Keller und Wühlmäuse auf Feldern aufzustöbern und zu erschießen. Da wurde mir klar, Gebote von Kirche und Elternhaus sind Zwänge. Versuchte, damals mehr unbewusst als bewusst, sie möglichst zu umgehen.

In besonders quälend langen Marien-Andachten versteckte ich eines meiner Lieblingsbücher im weiten Ärmel meines Rochetts. Spitzenhemd über langem Talar. Erinnere «Tom Sawyer und Huckleberry Finn» gelesen zu haben. Geschenkt von Hedy, Papas jüngster Schwester. Unsere Freundin, weil wir sie Hedy nennen durften, nicht Tante Hedwig. Das Buch eine lustige, doch auch traurige Geschichte zweier Jungen, im Alter wie wir. Niemand konnte es sehen. Kniete mit dem Rücken zu den Betern in den Bänken hinter mir. Als ich es meinem jüngeren Bruder erzählte, wollte er gleich auch Messdiener werden. Ließ ihn schwören, es niemandem weiterzusagen. Stolz, dass niemand sah, dass ich einen Roman las, statt zu beten. Außer dem Mann am Kreuz vor mir über dem Altar. Doch der war aus Holz geschnitzt und völlig sprachlos. Zum Glück.

Alle vier Wochen rief mich Stiefmutter Gustel zu sich, vor dem Kruzifix an der Wand. Erinnerte daran, der nächste Samstag sei Beichttag. Sollte die Gelegenheit nutzen, meine Sünden zu bekennen und zu bereuen. Es war wie heute, wenn man uns mahnt die Maske aufzusetzen, Distanz zu wahren. Gustel in ihrem Element, als sie mir erklärte, nur bei den Katholiken gäbe es diese Möglichkeit. Sich befreien zu lassen von allen Sündenstrafen. Sie selbst hätte nach der Beichte das unbeschreibliche

Gefühl, erlöst zu sein. Gab aber zu, auch wir sündigen wie alle Menschen seit Adam und Eva.

„Du hast geredet und nicht Papa gehorcht, der dir befahl, den Mund zu halten. Oder Klümpchen genascht in der Fastenzeit. Die Schwester verprügelt statt ihr zu verzeihen. Alles das wird bestraft mit Fegefeuer oder Hölle nach deinem Tod. Nicht aber, wenn du deine Sünden bereust. Und dem Priester als Stellvertreter Gottes beichtest. Der verzeiht dir in seinem Namen alle Sünden, wenn du ehrlichen Herzens bekennst: es tut mir leid, ich habe gesündigt."

Im Nachhinein kommt mir vor, Gustel predigte von morgens bis abends. Alles, was sie zu uns sagte, schien dem Katechismus entnommen. Nicht nur, was religiöse Themen betraf. Sie muss die Gebote der Kirche wirklich verinnerlicht, für alles umgedeutet haben. Z. B. Begehre nicht deines Nächsten Hab und Gut, wenn ich Kirschen vom eigenen Baum gepflückt und gegessen. Kirschen gehörten ins Einmachglas. Damals folgte ich ihrem Rat, regelmäßig zu beichten. Nicht, weil ich gehorsam sein wollte. Auch nicht, weil Sünden mich gedanklich belastet hätten. Den neuen Kaplan kennengelernt, der an jedem ersten Samstag im Monat Beichtdienst hatte.

Ein junger Mann, der sich mir als Hermann Huth vorstellte, bevor er im Beichtstuhl verschwand. Um, nur noch vom Trenngitter gelöchert, mir zuzuhören. Mitgefühl, Verständnis gezeigt. Mir auf die Sprünge half, wenn mir nicht klar war, ob ich nur nachlässig gewesen oder gegen besseres Wissen gesündigt hatte. Manches Mal dachte ich, diese Beichte hätte ich mir sparen können. Es war wie heute an einem kurzen Date. Man erzählt, was einen bedrückt und erfreut. Gesteht verschämt einen Charakterfehler Das Kreuzzeichen zum Schluss hätte Hermann Huth sich sparen können. Obwohl, im Nachhinein betrachtet, dieses «Ego te absolvo» der Schlüssel zum Verständnis des Katholizismus ist. «Ich befreie dich» von deinen Sündenstrafen.

Damals hüpfte mein Herz. Dank Huth beflügelt von der Erkenntnis: Ich, nur ich allein, bin verantwortlich für mich und mein künftiges Leben. Keinen Vorschriften von Kirche oder Stiefmutter folgen, die mit Verboten Gehorsam erzwingen wollen. Drei Vaterunser als Buße an Ort und Stelle rasch erledigt. Das war's.

Zehn Minuten dauerte die ganze Angelegenheit, längstens. Nicht Stunden wie bei Todsünden, die üblicherweise von Murmelgreisen absolviert. Sitzend in hölzernen Gehäusen, die man deshalb Beichtstühle nennt. Welche Sünden wohl Papa und seine Gustel gebeichtet haben? Hätte es gerne gewusst. Wäre wieder ein treuer Katholik, könnte ich auch den Corona-Virus, das Böse in mir, in der Beichte loswerden. Vorausgesetzt er hätte sich trotz zweimaliger Impfung irgendwo in meinem Körper eingenistet.

Seit von Pandemie und einer dringend notwendigen Impfung zu ihrer Bekämpfung die Rede, geistert das Wort Priorisierung durch Presse und Fernsehen. Bei der es um Impf-Termine gegen Covid 19 geht. Warum die einen jetzt, die anderen später, irgendwann. Keiner sagt, jetzt werden alle geimpft. Gesellschaften in riskant oder systemrelevant gespalten. *Entweder oder* sortiert, die reinste Sklaverei. Wie bei den Nazis. Entweder Hitlerfan oder Volksfeind. Das Wort *oder* wertet. Den einen auf, den anderen ab. Das Thema beschäftigt mich heute zum ersten Mal ernsthaft.

Warum werden nur Katholiken die Sünden vergeben? Allen anderen nicht? Protestanten sind besser dran. Laut Luther ist der Richter über Gut und Böse ein gnädiger Gott. Die Bibel voll rätselhafter Ratschlüsse. Warum hat Gott nur Noah und seine Familie vor der Sintflut gerettet? Den Rest der Menschheit absaufen lassen? Menschen verhalten sich ebenso disparat. Warum wird ein Studierter im Ansehen höher bewertet als ein Handwerker? Ein Bürgermeister mehr respektiert als Schuhputzer, Verkäuferin oder Friseuse? Reiche werden immer reicher und Arme immer ärmer. Zivilisierte Welt gegen Indigene. Menschen in wirtschaftlich prosperierenden Ländern, die sich fast alles leisten können. In Drittländern müssen sie Billig-Produkte herstellen, um über die Runden zu kommen. Damit westliche Konzerne Konkurrenten unterbieten, selber Marktanteile vergrößern können.

Alles nur äußere Unterschiede das Kriterium einer Bewertung. Menschen sind keine Objekte, die man bewertet. Ware, die verkauft werden muss. Menschen sind Subjekte. Das heißt, jeder ist ein Individuum. Einer, der nur ein einziges Mal in der gesamten Menschheitsgeschichte existiert. Mit Herz und Verstand, selbst zu entscheiden. Warum nicht *und* statt oder. Vielleicht noch *sowohl als auch*.

Das gilt auch für Wirtschafts- und Außenpolitik. Wettbewerb führt im optimalen Fall zu besseren Produkten und Beziehungen. Von denen alle profitieren. Beim Prinzip *«entweder oder»* aber zu Verhärtung von Fronten. Zu Preiskämpfen in der Wirtschaft, die bei Verlierern den notwendigen Gewinn schmälern, Arbeitsplätze und Löhne gefährden.

Sanktionen und Krieg in der Politik. Mit Millionen unschuldiger Opfer. Den Einsatz von Atombomben in Japan werde ich nie vergessen, seitdem ich weiß, was wirklich geschah:

Gegen Ende des zweiten Weltkriegs wollten die USA Japan, den Bündnispartner Deutschlands, mit dem Abwurf von zwei Atombomben zur Kapitulation zwingen. So die offizielle Lesart. In Wahrheit aber war falsch verstandener Wettbewerb der Grund: Amerika wollte die erstmals gelungene Spaltung von Atomkernen strategisch einsetzen. Der konkurrierenden Sowjetunion zuvorkommen. *Wir oder die* kostete 200.000 Menschen in Hieroshima und Nagasaki das Leben. 100.000 lebenslanges Siechtum. Die USA verletzten das Menschenrecht auf Leben, ohne dass einer es einklagte. Auch nicht, weil sie bis heute de facto der eigenen schwarzen Bevölkerung das Recht verweigert, gleichberechtigte Bürger zu sein.

Seitdem der zweite Weltkrieg gewonnen, Japan kapituliert, führende Nazis verurteilt, spielt die Großmacht USA den Weltpolizisten. Richter über Gut und Böse. Bestraft Menschenrechts-Verletzungen in China und anderen Staaten mit Sanktionen. Lässt aber eigene Polizisten ungestraft weiter ihren Dienst tun, wenn sie Schwarze aus vorgeschobenen Gründen erschießen. Kein Wunder, dass sanktionierte Staaten den USA Folter in Guantanamo vorwerfen. Oder auch mit Sanktionen reagieren. *Entweder oder* auf beiden Seiten. Das politische Klima aufgeheizt, fast wie im Kalten Krieg 1947–1989.

Das, was in der Politik nicht möglich scheint, sollte eigentlich im normalen Leben selbstverständlich sein. Auch andere als Menschen zu respektieren, wie man selbst respektiert werden möchte. Sofern der andere kein Gewalttäter ist. Aber man diskutiert heftig. An Stammtischen und in Interessengruppen, privaten Zirkeln und Partei-Gremien. Wer darf und wer nicht? Nach wie vor bevorzugt oder vernachlässigt nach äußeren Kriterien. Sympathisch oder nicht? Kirchgänger oder Atheist? Nützlich oder nicht? Chancengleichheit gefordert, aber nicht für Ausländer. Im Alltag der Menschen hat sich nichts geändert. Jeder ist sich selbst der Nächste.

Es muss doch möglich sein, Konsequenzen aus der Nazizeit zu ziehen, auch Juden als gleichwertige Mitbürger zu akzeptieren. Das zutiefst menschliche Bedürfnis von Einwanderern oder Zugezogenen nach Anerkennung. Sind doch 1945/46 viele von uns aus Ostpreußen und Schlesien zugewandert.

Von Westdeutschen misstrauisch behandelt. Später, als man nach dem Krieg Arbeitskräfte dringend brauchte, Italiener, Spanier und Türken engagiert. Alle spät, aber nicht zu spät als Mitbürger anerkannt und geachtet. Philosoph Günter Anders mahnt in seinem Buch «Die Antiquiertheit des Menschen», aus den Fehlern der Vergangenheit zu lernen. Nur wenn wir begriffen haben, was dazu geführt, sind wir fähig uns zu ändern. Das Notwendige tun.

Jeder soll sich folglich als erstes gedanklich über seine Beziehung zum Nächsten klar werden, bevor er handelt. Sich fragen: Wer bin ich, was will ich erreichen? Werde ich anderen gerecht? Oder schade ich ihnen? Durchspielen, was geschähe, hielte ich, vom Mainstream beeinflusst, z. B. Flüchtlinge für Menschen zweiter Klasse. Oder für Menschen wie du und ich. Auch im Alltag mit unterschiedlichen Meinungen oder Überzeugungen sich bemühen, tolerant zu sein. Gelten lassen. Entweder ist die Welt zweigeteilt in gute und böse Menschen, Kriege unvermeidlich. Oder alle sind gleichwertige Mitglieder einer Welt-Gemeinschaft. In der jeder Einzelne den anderen respektiert. Wer möchte nicht respektiert werden?

Spätestens jetzt im Jahr 2021, in dem Covid 19 dieselbe Weltgemeinschaft auf allen Kontinenten bedroht. Wärmer werdendes Klima das Leben auf der Erde dramatisch verändern wird.

Der Idealzustand wäre erreicht, wenn sich jeder Mensch bemüht, das Miteinander zu praktizieren. Nicht nur für die eigenen, auch für alle Kinder in der Nachbarschaft einen Kitaplatz erkämpfen. Politik nicht endlos streitet, sondern sofort agiert, wenn es die Lage erfordert. Wie jetzt während der Pandemie. Der Staat stellt finanzielle Mittel bereit. Mit ausreichendem Impfstoff Covid 19 zu besiegen. Menschenleben zu retten. Alle aber sind aufgefordert, in der täglichen Praxis zu beweisen, Nächstenliebe und Maskenpflicht sind kein Gegensatz. Jeder einzelne Mensch, der verschont oder geheilt, ist es wert. Ob gelingt, was beim Klimaschutz nicht gelungen? Fürchte, nichts wird sich ändern.

Ähnlich aussichtslos war es in den 1930er Jahren, als Nazis die Macht an sich gerissen. Zwölf Jahre lang das eigene Volk tyrannisiert. Blicke ich heute mit größerem Wissen zurück, weiß ich, was es für den einzelnen bedeutete. Damals als Kind und Pubertärer mehr oder weniger ahnungslos. Heute erkenne ich wie durch ein Brennglas: «*Entweder oder*», war das staatlich verordnete Prinzip der Nazis. Heil Hitler gegrüßt oder als Volksfeind verdächtigt.

Bei der Abschaffung traditioneller Werte schneller als die Feuerwehr damals. Meinungsfreiheit zum Beispiel. Ehe man sich versah, saß schon in Haft, wer ein Wort dagegen riskierte. Denen aber, die dafür stimmten, fiel alles in den Schoß. Partei-Genossen erlaubte man alles. Auch denen, die sich anpassten, das Partei-Abzeichen wie einen Schutzschild vor sich hertrugen. Führers Geburtstag feierten, an ihren Häusern Hakenkreuzfahnen. Zum Sonderpreis durften sie auf einem «KDF-Schiff» Kraft durch Freude gewinnen. Und das Vergnügen mit Treue zum Führer bezahlen. Pech hatte, wer als Jude oder Zigeuner in Deutschland lebte. Er wurde beobachtet, verfolgt, eingesperrt und getötet. Nur weil sie anders waren.

Gelegentlich lässt man im Fernsehen überlebende Opfer der Nazis aus ihrem Leben erzählen. Eine von ihnen das, was Erwachsene ihr erzählten. Damals als fünfjähriges Zigeunermädchen nichts verstanden. Nur einen dicken Verband um den Kopf und viele Wochen heftige Kopfschmerzen. Man hatte ihr in einem Würzburger Spital mit einem Skalpell Teile ihres Gehirns herausgeschnitten. Untersucht, um herauszufinden, ob es typische Merkmale für eine minderwertige Rasse gibt. Noch mit neunzig Jahren leidet sie an den Folgen dieses Eingriffs. Schwindel und Störungen des Bewusstseins. Wie ihr erging es Zehntausenden Kindern von Juden und Zigeunern. Die meisten mit ihren Müttern in KZs umgebracht. Väter geschont, solange sie arbeitsfähig waren.

In Pflegeheimen sind von 1934-1945 geschätzte 200.000 bis 300.000 Insassen der Euthanasie zum Opfer gefallen. Menschen aller Altersstufen, die von Geburt mehr oder weniger behindert, nicht dem Typus der Nazis entsprachen. Das Wort «Euthanasie», schöner Tod, sollte es als Wohltat erscheinen lassen. In Wirklichkeit wollten sie durch die Tötung Behinderter ausschließen, dass sich undeutsches Erbgut vererbt.

Der Ehemann einer Halbjüdin musste seine Stelle in der Augen-Klinik einer Universität aufgeben. Obwohl er als Forscher bewiesen, dass blind von Geburt an bedeutet, keinerlei Helligkeiten zu erkennen. Bald entzog man ihm auch die Zulassung für eine eigene Praxis. Mit einer Jüdin oder Halbjüdin verheiratet zu sein, war für die Nazis Sippenschande. Solchen Männern bot man im Krieg Gelegenheit, sich davon reinzuwaschen. An einer der Fronten sich als Held zu bewähren. Erhielt er für große Tapferkeit das Eiserne Kreuz erster Klasse, befreite es ihn von der Sippenschande. Der Arzt riskierte sein Leben, um seiner Familie zu helfen. Kurz nachdem er den Orden erhielt, fiel er im Kampf für Volk, Führer und Vaterland. Seine Frau und Mutter von drei Kindern zitierte man aufs Amt. Um ihr zu eröffnen, dass sie als Ehefrau eines deutschen Helden rehabilitiert sei und keinen Judenstern mehr tragen müsse. Aber die Ehre, als deutsche Frau an der Heimatfront für den Endsieg kämpfen zu dürfen.

Aus Schriften und Äußerungen der Nazis weiß man, in ihrem Selbstverständnis war die deutsche eine Herrenrasse. Auch im Unterrichtsfach Rassenkunde definiert. Haushoch überlegen allen anderen. Arisch ihr Blut. Auch äußerlich als Idealtypus erkennbar: Blond und blauäugig, sportgestählt. Ein Deutscher sein heißt, Deutsch zu denken und Deutsch zu handeln. Der typische Deutsche sei mit Freude bereit, im Kampf für Führer und Vaterland zu sterben.

Der Eindruck trügt nicht, immer war nur von deutschen Männern die Rede. Männer die Helden der Nation. Männlicher Nachwuchs ab Zehn beim «JV», Jungvolk in diesem Geiste trainiert. Ab Vierzehn bei der «HJ», Hitlerjugend. In sogenannten Elite-Schulen Führungs-Nachwuchs ausgebildet. Geist und Körper indoktriniert. Zuletzt 6000 Schüler in National-Politischen-Lehr-Anstalten, «Napola», «Adolf-Hitler-Schulen» – «SS-Junker-Schulen». Ihr Ziel: Aus guten Schülern systemtreue Kämpfer für die Partei zu machen. Sie auf militärischen Einsatz in der SS vorzubereiten. Die Versetzung in die Oberstufe mit einem Dolch belohnt. Eingraviert: «Mehr sein als scheinen». Verstanden als handeln im Interesse der Partei Adolf Hitlers.

Die deutsche Frau auf ihre Rolle als Mutter reduziert. Aber verherrlicht: Sie sei Garantie für stählerne, kampfbereite Nachkommen. Ihre wichtigste Funktion, gesundes Erbgut weiterzugeben. Quelle der Nation, Wegbereiterin des Sieges. In der Weimarer Republik entstandene emanzipatorische Bewegungen verboten. Sie seien eine Erfindung jüdischer Intellektueller. Gesetze erlassen, die Frauen nicht mehr erlaubten, sich beruflich weiterzubilden. Nur noch dem Ehemann zu dienen. Söhne auf ihren Dienst am Volk vorzubereiten. Staatlich organisiert in der «NS-Frauenschaft». Halbwüchsige im Bund Deutscher Mädchen «BDM» auf ihre Mutterrolle vorbereitet.

Solche Töne hatte ich schon in der Sexta meines Gymnasiums gehört, aber nur vom Geschichtslehrer, einem Parteimitglied. Alle anderen Lehrkräfte enthielten sich der Stimme, wie meine Eltern. Aus Furcht entlassen zu werden. Alle meiner Klasse gezwungen, mit Zehn Mitglied des Jungvolkes, mit Vierzehn der Hitlerjugend zu werden. Nach dem Abitur Arbeitsdienst und Militär. In den wichtigsten Jahren eines heranwachsenden Mannes permanent indoktriniert, einer Ideologie zu folgen.

Beim Jungvolk freie Zeit knapp bemessen. Schulaufgaben erledigen, der Mutter im Haus helfen. Zweimal pro Woche zu einer Art Militärdienst antreten. Gestiefelt und gespornt in Braunhemd, kurzer, schwarzer Hose mit Koppel und Schulterriemen. Käppi auf dem Kopf. Lernen, dass es nur zwei Möglichkeiten im Leben deutscher Jungen gibt: Befehlen oder gehorchen. Auch wenn es uns nicht passte. Laufen, hinlegen, weiter laufen, eine Stunde und länger. Egal, ob es regnete oder schneite. Als Mitglieder in Hitlers Jugend-Organisationen die zu werden, die Adolf Hitler vorgab zu sein. In seiner Rede auf dem Parteitag 1935 in Nürnberg vor 50.000 Knaben und Knäblein in brauner Uniform:

Ein deutscher Junge ist flink wie ein Windhund, zäh wie Leder und hart wie Kruppstahl.

Indoktrination wie sie im Buche steht. Viele Pimpfe fühlten sich anfangs geschmeichelt und strengten sich an, dieser Parole zu folgen. Mir aber stank dieser militärische Drill und bat meine Stiefmutter, wenn mir danach war, mich vom wöchentlichen Dienst abzumelden. Ihr Sohn hätte die Grippe und hohes Fieber. Sie willigte ein, obwohl sie sonst unsittliche Wünsche ignorierte. Beim zweiten Mal kam Rottenführer Walter Vitten, nach dem Rechten zu sehen. Es klingelte: „Heil Hitler, wie geht es Ihrem Sohn?" Gustel hatte ihn vom Fenster aus gesehen und mich rasch ins Bett gescheucht. Die Decke über den Kopf gezogen. Ich röchelte und nieste wie eingeübt. Als er mich hörte: „O Gott, hoffentlich stirbt er nicht." Der Nazi ein Christ? Nicht zu fassen. Nach dem Krieg begegnen wir uns auf der Oberkassler Kirmes. Erkannte mich, klopfte mir auf die Schulter: „Gut gespielt damals." Erzählte mir, er sei Redakteur bei den «Düsseldorfer Nachrichten» und ginge jeden Sonntag in die Kirche.

Zurück zur Nazizeit. Was ich damals in seiner Tragweite nicht begriff, erfuhr ich nach dem Krieg von meinem Onkel Alex. Der einzige in der Verwandtschaft, der sagte, was er meinte. Auch bei den Nazis, wenn auch indirekt. Wusste genau, was für ihn auf dem Spiel stand. Als beliebter Lehrer an Düsseldorfs ältester Volksschule fragte er seine Schüler erst: Was wollt ihr wissen? Also nicht: jetzt erkläre ich euch mal, was richtig ist. Auf diese Weise erfuhr er, was seine Schüler beschäftigte, ängstigte oder Spaß bereitete. In Unterricht, Freizeit und Familie. Korrigierte ihre Sprache und ließ es sie wiederholen und aufschreiben. Um es zu korrigieren. Tröstete und machte Mut denen, die es brauchten. Auch mir erzählte er, als ich ihn nach seiner Meinung zu den Nazis fragte.

„Ich war keiner von denen, obwohl ich eine SA-Uniform tragen musste. Sonst hätte ich keine Anstellung gefunden. Zuhause und in meiner Freizeit ein Zivilist wie die meisten. Das Kultus-Ministerium bestimmte, Lehrer müssten an Schulen Vorbilder sein. Alle hatten zu parieren, schwiegen und äußerten nicht, was sie wirklich dachten. Keiner wusste, was Kollegen oder Nachbarn von der Regierung hielten. Niemand traute sich, eine eigene Meinung zu äußern. Jeder lässig geäußerte Satz, jede noch so versteckte Kritik ein Risiko. Vom Nazi-Staatsanwalt bewusst falsch interpretiert und aus der Traum.

«GESTAPO», die geheime Staatspolizei mit ihren Spitzeln überall präsent. Feinde des Staates zu auszuspähen oder zu erfinden. Um vom Gericht verurteilen zu lassen, die sie nicht mochten. Vor allem aber lag ihnen daran, Angst zu schüren vor einer Obrigkeit, die absoluten Gehorsam verlangte. Typisch für eine Diktatur, die Gottseidank vorüber ist. Ich blieb verschont, weil ich immer erst fragte, nie sofort meine Meinung geäußert. In der Schule die ungeliebte Uniform trug."

Erinnere, aus unserer Nachbarwohnung dröhnte von morgens bis abends Marschmusik aus dem Volksempfänger. Nur von Reden unterbrochen. Zehn Mark billiges Radio. Vom Staat subventioniert. Damit jeder Haushalt die Stimme der Partei hören und ihr folgen konnte. Den Bewohner nebenan an seiner Uniform erkannt, ging er morgens aus dem Haus. Wo erarbeitete, wusste niemand von uns. Nur, dass er Mitglied der SA war, einer der ersten Gefolgsmänner Hitlers. Alle im Haus suchten ihm möglichst nicht zu begegnen. Er könnte ein Wort aufschnappen und sie denunzieren. Seine Frau suchte zu vermitteln, redete mit jedem, den sie im Treppenhaus traf. Freundlich zu jedermann. Nicht nur mir kam es verdächtig vor. Nach Kriegsende, ihr Mann noch in Haft, bekannte sie, aus finanzieller Not wäre ihr Mann Mitglied der SA geworden, nicht aus Überzeugung. Als er frei kam, sind sie weggezogen.

Auch Onkel Alex erzählte: „Niemand wusste, welcher Gesinnung einer war. Der neben ihm wohnte, in der Straßenbahn gegenüber saß. Im Büro mit ihm arbeitete, im selben Verein kegelte. Selbst im Kirchenchor konnte man nicht sicher sein. Der zuständige Gauleiter einen Spion geschickt haben, die Stimmung auszuhorchen."

Menschen gab es, gibt es wohl immer, die für Geld Mitmenschen dem Henker überliefern. Deren Tod ihnen Vorteile bringt. Im 16. Jahrhundert z. B. erhielten Leute Vermögenswerte zum Tode verurteilter Frauen. Wenn sie vor Gericht bezeugten, sie seien mit dem Teufel im Bunde. Gezaubert, die Zukunft in Handlinien gelesen und Geld genommen. Angeklagt von Vertretern der Kirche. Als Hexen von einem Inquisitions-Gericht zum Tode verurteilt. Auf dem Scheiterhaufen bei lebendigem Leibe verbrannt. Dem Zeugen zum Dank Haus, Geld oder Wertgegenstände überschrieben.

Bei den meisten aber ist das Bedürfnis, dazu zu gehören Anlass, Andere, Fremde zu diskreditieren. Zu beweisen, ich bin einer von euch. Keiner von denen. Besonders gefährlich, wenn der Zeiten Geist vom Glauben oder einer Ideologie bestimmt wird. Im 17. Jahrhundert forderten Religionskriege

Abertausende Opfer. Katholiken gegen Protestanten. Aber immer noch virulent. Denkt man an die Verteufelung von Muslimen. Diffamierung von Juden und Zigeunern. Der Nazigeist noch lange nicht überwunden.

Erinnere, als Zehnjähriger musste ich regemäßig im Lebensmittel- Laden bestellte Ware abholen. Vinchen, die Verkäuferin begrüßte mich: „Guten Morgen Otto, wie geht 's zuhause?" Beim Metzger der Inhaber im Braunhemd unter weißer Schürze legte das Messer ab, hob den rechten Arm und rief: „Heil Hitler". Grüßte Heil Hitler zurück, weil Mutti es mir dringend geraten.

Frage mich heute, war die erhobene rechte Hand das Mantra der einheitlichen Gesinnung eines ganzen Volkes? Onkel Alex sagte mir, niemand wusste, ob der Hitlergruß ernst gemeint war oder nicht. Allgemeine Unsicherheit erfasste alle ohne Ausnahme. Ist er ein Nazi oder nicht? Die Hand aber erhoben alle."

Sofort fällt mir ein, nicht anders als heute: ist er von Covid 19 infiziert oder nicht? Also Maul halten, Maske tragen, Distanz einhalten. Man könnte unangenehm auffallen. Damals und heute dasselbe Theater. Drama das passendere Wort. Tragödie muss man es nennen.

Zurück zur Nazi-Zeit. Alle gezwungen, gegen besseres Wissen zu handeln. Am besten nichts sagen, hören und sehen. Nur Menschen in sozialen Berufen erledigten unbeirrt, was ihre Aufgabe war. Die meisten nicht Mitglied der Partei. Fürsorgerinnen, Krankenschwestern ließ man, weil man sie brauchte. Ebenso Priester, die an kämpfenden Fronten bewiesen, dass sie ihre Berufung als Seelen-Tröster ernst nahmen. Sterbenden Soldaten im Kugelhagel die Letzte Ölung spendeten. Mit ihnen beteten.

Wer das Pechhatte, als Franzose oder Pole in Gefangenschaft zu geraten, wurde gezwungen, in Rüstungs-Fabriken ohne Lohn zu schuften. Erinnere, sie einmal gesehen zu haben. Auffallend ihre gestreiften Sträflingsanzüge. Geflohen hätte sie jeder erkannt und gemeldet. Nur sehr wenigen gelang die Flucht, wenn Deutsche ihnen geholfen. Fuhren in einem offenen LKW an mir vorbei. Die Frau neben mir am Straßenrand ließ ihrer Betroffenheit freien Lauf. Blickte ihnen noch lange nach: „Bedauernswert diese Leute, erst müssen sie schuften für die Regierung, dann wieder zurück in den Knast zu Wasser und Brot". Das Wort Nazi fiel nicht. Neben ihr hätte ich es gehört und melden können.

Meine Eltern wollte ich nicht nach Einzelheiten fragen. Sie hätten geschwiegen wie immer. Hätte gern Genaueres gewusst, aber beschäftigt mit dem Abschlusszeugnis. Hoffte, in die Untersekunda versetzt zu werden. Was aber sage ich meinen Eltern, wenn ich die Klasse wiederholen muss? Erleichtert, als ich es gerade noch geschafft.

Nach Kriegsende las ich in der FAZ, im Krieg brauchte man mehr Soldaten, als eingezogen werden konnten. Männer in Rüstungsbetrieben unentbehrlich für den Endsieg. In einem Geheimerlass 1940 befahl Hitler, Wehrdienstverweigerer und erwischte Deserteure an die Front zu schicken. Im Kampf beweisen konnten, dass sie wehrwürdig sind. In sogenannten Bewährungs-Bataillonen, die man später Straf-Bataillone nannte. An Frontabschnitten, von denen kaum einer wieder lebend zurückkam. Von brutalen Einpeitschern des Sicherheitsdienstes S.D. gezwungen, bis zum letzten Blutstropfen zu kämpfen.

Parteiführer dagegen bekamen zugeschustert, wonach ihnen der Sinn stand. Und niemand fragte, woher es kam. In eroberten Ländern meist widerrechtlich mitgehen geheißen. Vornehmlich aus Häusern, Galerien, Antiquitätenläden, die Juden gehörten. Gerecht ging es nicht zu, wo Nazis herrschten. So wenig wie heute.

Denke ich an Ulrike, meine jüngste Tochter in Hamburg: Wegen Corona seit März 2020 kein Einkommen mehr. Ihre Tätigkeit als Trainerin von Kleinkindern sei nicht systemrelevant. Ebenso wenig kulturelle Leistungen, obwohl sie eine doppelt so hohe Wertschöpfung erzielen wie die vom Staat als systemrelevant eingestufte und subventionierte Auto-Industrie. Kultur müsste in Berlin dringend eine Lobby installieren. Werde ihr empfehlen, mit ihrem Verband einflussreiche Künstler zu gewinnen, in Berlin als Lobbyisten tätig zu sein.

Damals war alles relevant, was das System NSDAP repräsentierte. Auch noch im Krieg. Hohen Partei-Funktionären gab der Staat einen Mercedes mit Privat-Chauffeur. Tanken auf Staatskosten. Freier Eintritt zu allem, was Spaß versprach. Oper, Kabarett, Museum oder Reeperbahn. Neben anderen ließ besonders Reichsmarschall Hermann Göring Kunstwerke requirieren. In Häusern und Privat- Sammlungen, die Juden gehörten. Kein Kunstwerk war sicher vor seinem Zugriff. Er wollte Europas größte Kunstsammlung sein eigen nennen. In «Karinhall» präsentieren. Einem zum Museum ausgebautem Jagdhaus in der Schorfheide, nordöstlich von Berlin. Benannt nach Karin, seiner ersten Frau, einer Schwedin, die Hitler für einen Messias hielt.

Im Gegensatz zu Willkür und Protz der Partei erhielten über 60 Millionen Deutsche in der Heimat nur das, was mit Bezugscheinen in Läden zu kaufen war. Wöchentlich geändert, die Mengen reduziert. Gegen Ende des Krieges nicht mehr in Halb- oder Viertelpfunden, sondern 50-Gramm-weise angegeben. Das Grundnahrungsmittel Brot für mich der Anlass, Brotmarken zu fälschen. Strichelte mit spitzer Feder fällige Nummern in freie Felder der Brotkarte. Nach einiger Übung glichen sie dem Original wie ein Ei dem anderen. Bei Bringers zwei Wochen nur Brot gegessen. Hauchdünn bestrichen mit Leberwurst, etwas dicker mit selbst gekochter Marmelade. Fleischmarken wollten mir partout nicht gelingen, weil Wasserzeichen sich nicht kopieren lassen.

Dagegen gelang es mir schon früh, mich innerlich vom Nazismus zu distanzieren. Nie war ich willens, jemandem unbesehen zu folgen. Geübt bereits, seit Gustel, Papas zweite Frau, das Regiment führte. Papa schwieg zu allem, was geschah oder nicht geschah. Auch wenn mein Hintern zehn Schläge mit dem Rietstock aushalten musste. Weil ich ihr nicht sofort gehorchte. Oder in Nachbars Garten Pflaumen geklaut. Bis ich den Tipp eines Schulfreundes in die Praxis umsetzte. Rieb den

Stock mit einer rohen Zwiebel ein. Sodass es sich beim ersten Streich wie gestreichelt anfühlte. Zur Strafe bekam ich abends nichts zu essen. Genoss sie im Bewusstsein, erstmals Sieger gewesen zu sein. Fühlte mich wie David nach dem Kampf gegen den Riesen Goliath.

Im politischen Leben herrschte das Führer-Prinzip. Die einen befahlen, die andern gehorchten, Gunst und oder Leben zu behalten. Gauleiter, Ortsgruppenleiter, Titel vor den Namen. In der SS Unter-, Ober- oder Haupt-Standartenführer. In der Hitler-Jugend Rotten-, Kameradschafts-, Schar-, Gefolgschafts-, Stamm-, Bann-, Gebietsführer. In einigen Sparten jeweils noch einen Oberführer. Der oberste zu meiner Zeit Reichsjugendführer «Baldur von Schirach». Reichsminister und Marschälle oberste Instanzen in allen Bereichen. Der alleroberste von allen schlicht «Der Führer» genannt.

Es hatte den Anschein, als gäbe es nur Leiter und Führer. Orientiert am Führer des Deutschen Reiches: Adolf Hitler. Das Führer-Prinzip war sich selbst genug. Der Rest war Schweigen. Papa getraute sich im trauten Familienkreis dann und wann das Wort «Partei-Bonze» fallen zu lassen, oder Goldfasan». War die Rede von hoch dekorierten Naziführern in ihren ockergelben Uniformen.

Denke ich zurück, frage ich mich, wer waren die Millionen, die geleitet oder geführt wurden? Aussortiert nach der Prämisse: Entweder oder? Selbstbewusste Individuen mit eigener Meinung? Ganz sicher nur wenige. Erinnere nur Massen gleichförmig Uniformierter. Die jede freie Stunde dazu nutzten, im Gleichschritt durch die Straßen Düsseldorfs zu marschieren. Uns gehört die ganze Welt. «Die Fahne hoch, die Reihen fest geschlossen». Das Lied derer, die das Kreuz mit Haken versehen. Als germanische Rune gedeutet, um Christen nicht zu verärgern.

Uniformierte Jugendliche auf Wanderfahrten trainiert, Kameradschaft zu üben. Bei Ballspielen tagsüber, am wärmenden Lagerfeuer des Nachts. Über ihnen Hitler wie ein Fixstern am nächtlichen Himmel. Die Jahre vergingen mit Paraden, Aufmärschen und Sport-Veranstaltungen. Überall wehten Hakenkreuz-Fahnen. Bliesen Trompeten und Fanfaren das Lied einer neuen Zeit. Führer aller Kategorien befahlen zu glauben. Stolz zu sein, diese Zeit erleben zu dürfen. Unserem Führer Adolf Hitler auf Knien danken, als wäre er ein Gott. Seit sein Reichs-Propagandaminister Josef Goebbels ihn in einer Ansprache so nannte und es in seinem Tagebuch notierte:

«Jetzt ist Hitler unser Gott. Uns bleibt nichts anderes, als ihm freudigen Herzens zu folgen.»

Als ich davon in der Zeitung las, wollte ich wissen, ob diese Tagebücher nach dem Krieg veröffentlicht wurden. Wie Speers Pläne für eine neue Hauptstadt.

Recherchierte im Internet, entdeckte einen Nachdruck seiner 29 Tagebücher. Einmalige Chance, die authentische Meinung dieses Volksverhetzers kennenzulernen. Aber nur eines der nachgedruckten Tagebücher erwischt und gelesen. Lange Vergangenes, überstanden Geglaubtes wieder lebendig. Wer kauft solches Sammelsurium von Propaganda, Verklärung und Hass? Die Eintragungen eines der wirkungsmächtigsten Propagandisten wieder aktuell? Warum? Und bei wem? Immer mehr Reichsbürger tauchen auf.

Was damals daraus folgte, habe ich miterlebt. 1946 im nachgeholten Abitur-Kurs gelernt. 70 Millionen ihrer Vernunft beraubte, erwachsene Menschen wählten 1933 Hitler. Überraschungssiege in Polen und Frankreich bejubelt. Auch noch 1941 den Einmarsch in Russland. Getrauert, als Hitler 1945 im Kampf für Volk und Vaterland gefallen sei. De facto hatte er sich selbst erschossen, weil er feige war. Fürchtete, zur Verantwortung gezogen zu werden. Die Katastrophe aber war da. Deutschlands Städte in Trümmern. Ergebnis eines Luftkrieges, den Deutschland verlieren musste. Sieben Millionen Wohnungen zerstört. Straßen kaum befahrbar. Gleise der Bahn untauglich für regulären Zugverkehr. Alle Ressourcen verbraucht. Hunger herrschte und existenzielle Not. Millionen Männer gefallen oder in Kriegsgefangenschaft.

Auch ich von Engländern entwaffnet und in ein Erdloch gesteckt. Mit einer Plane vor Regen geschützt. Wie alle gefürchtet, die Sowjets kommen. Der Krieg weitergehen, so raunte es. Mit Engländern die Demokratie verteidigen. Die aber leger, wie wir es beim Militär nicht kannten. Schlenderten durchs Lager, redeten mit uns, little bit Deutsch, little bit English. Schenkten uns Zigaretten, Schokolade, Kekse, Kaugummi. Geschmeckt, wie Frieden schmecken könnte. Alles schien wieder normal zu werden. Und wir bald wieder zuhause. Ein Paradies, das bis dahin nur in Träumen existierte. Verfilmt mit «Lil Dagover» oder «Heinz Rühmann». Von Goebbels befohlene Stimmungs-Aufheller. Nie aber in der Wirklichkeit meiner Generation.

Ersehnt wie aktuell die Zeit, bevor Corona alles über den Haufen warf. Wer infiziert, wird lange traumatisiert sein. Das Gefühl nicht loswerden, schlimmer konnte es mich nicht treffen. Selbst, wenn er wieder gesundet, vergisst er nie, wie nah er dem Tod war. Keiner ist sicher, verschont zu bleiben.

Schicksal nennt man es, weil man niemanden zur Rechenschaft ziehen kann. Niemanden für seine Missetaten mit «Death by hanging» bestrafen. Wie Nazi-Größen im Nürnberger Prozess 1945/46. Leider kommen nicht alle Menschenrechte verletzenden Generäle vor den «Internationalen Strafgerichtshof» in Den Haag.

Im schicksalhaften Kampf gegen Corona zögern Politiker, Impfstoffe zu ordern. Schuldig will niemand sein. Schieben es auf die EU. Und entblöden sich damit selbst. Haben sie mit Ursula von der Leyen als Präsidentin doch großes Gewicht. Es ist eh alles durcheinander. Verschwörungs-Theoretiker verlangen eine neue Ordnung. Ob wieder Rechtsextremisten dahinter stecken? Dann geht es um demokratische Werte. Die Frage erlaubt sein: Sind politische Ideologien, rechts oder links, überwundene Extreme oder nicht? Erwartet wird eine eindeutige Antwort. Die derzeit zunehmenden nationalistischen Tendenzen mahnen zu Wachsamkeit. Erst kürzlich konstatierte der australische Diplomat «Kevin Rudd» in einem Interview:

„Der Nationalismus wird zur unkontrollierbaren Bestie".

Nachfolgende Beispiele beweisen, Menschen sind brutaler als Pest, Cholera, Typhus und Corona. Viren folgen einem Instinkt, der allem Lebendigen eignet:

Fressen, um am Leben zu bleiben. Menschen nutzen ihre Intelligenz, um Macht über andere zu haben.

Die biblische Geschichte berichtet von Kain, der seinen jüngeren Bruder Abel erschlug. Weil er sich von Gott und Eva, seiner Mutter weniger geliebt fühlte. Herodes, König von Galiläa, ließ in Betlehem Tausende männlicher Babys ermorden. Von orthodoxen Hohepriestern der Juden überredet. Sie sahen nach der Geburt Jesus in jedem Knäblein einen möglichen Gottessohn. 33 Jahre später verlangten sie, den zum Prediger gewordenen Jesus ans Kreuz zu schlagen. Wähnten, den Konkurrenten los zu sein. *Entweder oder* mit Jahwe beantwortet. Nach wie vor der einzige Gott. Ihren Messias erwarten sie erst am Ende der Zeit. Pilatus, der römische Präfekt, ließ über dem mit Dornen gekröntem Haupt dieses Jesus eine Inschrift anbringen: «INRI»: Jesus von Nazareth, König der Juden. Wer will, kann es als ein Zeichen diplomatischer Raffinesse betrachten. Nicht entweder oder, sondern sowohl als auch.

Ähnlich die Politik der Schweiz. Jeder weiß, sie ist nicht nur neutral, handelt auch entsprechend. Menschen und Völker zu versöhnen. Bleiben im Gespräch auch mit Staaten, die nachweislich Menschenrechte verletzen. Außenminister Ignazio Cassis informierte kürzlich seinen chinesischen Kollegen über ihre beschlossene kritische China-Strategie. Bevor sie abgesandt wurde. Der Kollege bedankte sich telefonisch bei ihm. Peking weiß, wie die Schweiz denkt, ohne zu drohen. Cassis vertritt den Standpunkt, ob Menschenrechte verletzt werden, entscheidet ein Gericht, nicht die Politik. Deren Aufgabe sei es, den Kontakt zu erhalten. Demokratische Prozesse brauchten Zeit. In manchen Ländern Jahrhunderte, in Deutschland zum Beispiel. Zeit, die für uns arbeitet, wenn wir im Austausch von Meinungen und Standpunkten beweisen, dass gewaltlose Methoden die besseren sind. Weil sie allen nutzen.

Vernunft aber scheint denen abhanden zu kommen, die Macht erhalten haben. Geerbt in Königshäusern und Unternehmen. Gewählt in Demokratien. Die Ehe freiwillig geschlossen. Oder ohne Rücksicht auf tradierte Methoden mit brutaler

Gewalt die Macht an sich gerissen. Für alle gibt es Beispiele. Zahlreich wie Sand am Meer. Einige ausgewählte beweisen, das Böse im Menschen ist relevant. Systemrelevant, definiert man den Homo sapiens als Objekt der Betrachtung in diesem Buch.

Oft waren Alleinherrscher und Anführer von Gruppen bar jeder Moral. Nur daran interessiert, Macht zu gewinnen über Clans und Völker. Ihre Politik durchzusetzen und niedersten Instinkten zu folgen. «Timor Lenk» einer von ihnen. Herrscher eines Nomadenvolkes im frühen 14. Jahrhundert. Befahl seinen Soldaten, 2000 Einwohner der gerade eroberten Stadt Isfizar einzumauern. Bis sie verhungerten und starben. In Georgien ließ er 10.000 Männer und Frauen zerstückeln. Andere von einer Anhöhe hinunter in eine Schlucht werfen. Ein grausamer, sadistischer Typ. Sein Vorbild der Mongole «Dschingis-Khan». Erfüllungsgehilfen seine eigenen Männer, wie immer und überall auf der Welt.

In Russland herrschte von 1530 – 1584 der erste gekrönte Zar. «Iwan» – der Schreckliche genannt. Rühmte sich, unzählige Frauen vergewaltigt zu haben. Engste Berater, die ihm nicht mehr passten, befahl er in Stücke zu schneiden. Solange abwechselnd mit kochend heißem und eiskaltem Wasser zu übergießen, bis sie sich aufgelöst hatten. Als am 3. Juni 1547 Abgesandte der Stadt Pskow in der Zarenresidenz eintrafen, waren sie guten Mutes. Hofften, Iwan, der Zar, würde ihnen helfen, ihren launenhaften Statthalter loszuwerden. Zumindest aber zu maßregeln. Nichts dergleichen geschah.

Der Zar ließ seine Gäste bis auf die Haut entkleiden, fesseln und mit hochprozentigem Brandwein begießen. Kopfhaar und Bärte mit brennenden Kerzen versengen, dass bald der ganze Mensch in Flammen stand. Im selben Augenblick stürzte eine Glocke der Moskauer Arbath-Kathedrale vom Turm. Menetekel Russlands folgender Terrorjahre, deuten es Historiker später.

Schon als Kind neigte Iwan zu Wutausbrüchen. Warf junge Katzen und Hunde vom Kremlturm auf die Straße. Sechzehnjährig ernannte er sich zum Allein-Herrscher Russlands. Als seine Frau Anastasia mit 27 Jahren starb, vermutete er, sie sei mit Gift ermordet worden. Ließ ihre Hofdame vor seinen Thron zerren. Und zusehen, wie ihre fünf Söhne auf die brutalste Weise zerstückelt wurden. Bevor man sie selbst zu Tode folterte. Iwan hinterließ einen geisteskranken Sohn und einen fast 30 Jahre dauernden Bürgerkrieg.

Auch, wenn sich angesichts solcher Ungeheuer Depressionen einstellen sollten, müssen noch mehr genannt werden. Die daran zweifeln lassen, dass der Mensch gut ist. «Edel sei der Mensch, hilfreich und gut». Vom Menschenkenner Goethe bewusst im Konjunktiv formuliert. Sei ist die Möglichkeitsform von ist. Nicht wirklich, sondern könnte, sollte, müsste sein. Ein frommer Wunsch, nicht mehr.

Weil auch Böses sich fortlaufend multipliziert, muss auch die jüngere Zeit zu Wort kommen. Hitler bereits charakterisiert. Stalin erwähnt. Weniger spektakuläre Namen fast vergessen und dennoch Massenmörder. «Idi Amin», britischer Offizier in Afrika, putschte sich in Uganda an die Macht. 1971–1979 Präsident. Seiner Mordlust fiel fast eine halbe Million Bürger dieses Landes zum Opfer.

Mao-Tse-Tung, radikaler Kommunist und Revolutionär eroberte die Macht in China. Schon in jungen Jahren überzeugtes Mitglied der kommunistischen Partei. Die marxistische und leninistische Staatsform erstrebenswerte Vorbilder. Auf einem langen Marsch gewann er immer mehr Anhänger, eroberte 1949 das höchste Staatsamt. Setzte seine Vorstellung vom idealen Staat brachial durch. Ohne Rücksicht auf Menschenleben. In seiner politisch aktiven Zeit, 1934–1954, summierten sich die Opfer auf 39 Millionen. Von Anhängern als große Lichtgestalt gepriesen. Die «Mao-Bibel» weltweit von Studenten für ein politisches Allheilmittel gehalten. In einem der wenigen tolerablen Allgemeinplätze heißt es:

Wir müssen lernen, Probleme allseitig zu betrachten. Unter besonderen Bedingungen können sich aus guten Erkenntnissen schlechte, aus schlechten gute Resultate ergeben»

Klingt gut. Aber 95 % sind Kommunismus pur. Der Staat ist Alles. Der einzelne Mensch Nichts.

«Pol Pot», der Superkommunist in Kambodscha nicht viel anders. Die «Roten Khmer» lange das Thema in demokratischen Ländern. Empörung allenthalben. Allein ein Drittel der Landsleute kam unter seiner Ägide ums Leben. Die Verbrechen von Stalin und Hitler mittlerweile bis ins Detail dokumentiert. Die Folgen ihrer Terrorherrschaft immer noch zu spüren.

Ebenso in Burma, wo ruchlose Generäle ein Luxusleben führen und die eigene Bevölkerung hungern, Widerständige umbringen lassen. Als 2008 der Zykon «NARGIS» 100.000 Menschenleben forderte, verweigerten sie internationalen Hilfsorganisationen den Zugang ins Land. Einmischung aus dem Ausland verhindern war ihnen wichtiger als verletzten, hungernden Bürgern ihres Landes zu helfen.

Die demokratisch genannte Volksrepublik Nord-Korea wird seit ihrem Bestehen von Tyrannen regiert. Von ihrem Volk Gottgleich verehrt und gefürchtet. 2011 übernahm «Kim Jong Un» das Erbe seines Vater «Kim Jong Il». Sieben hochrangige Militärs, die dessen Sarg zum Grab trugen, ließ er gleich danach exekutieren. Mögliche Konkurrenten auszuschalten. Willkürlich werden Menschen, die sich an den Grenzen des Landes aufhalten, erschossen. Auch der letzte der Familiendynastie Kim Jong will Herr über Leben und Tod sein. Wie Stalin. Wie er, auch von einer Paranoya besessen, überall Verschwörungen zu wittern. Selbst engste Verwandte ließ er öffentlich hinrichten. Die Geschichte beweist bis heute, dass Böses Vorbild und Anreiz für andere ist, es ihnen nachzutun. Nicht nur Tmot Link, der Tschingis-Khan zum Vorbild nahm.

In den letzten Jahrzehnten des 20. Jahrhunderts tobte in Nordirland ein Bürgerkrieg. Anhänger der Einheit mit Großbritannien gegen Verteidiger eines eigenen nordirländischen Staates. Ausgeartet in einen Religionskonflikt. Protestanten gegen Katholiken. Und umgekehrt. Wirtschaftlicher Niedergang und hohe Arbeitslosigkeit führten Mitte der 1960er Jahre zu extremen Anschlägen. Schuldige fanden sich immer, denen es in den Kram passte. In vielen Städten und Gemeinden wurden Barrikaden errichtet. Zu trennen, was eigentlich zusammen gehört. Geschossen, verwüstet, getötet. Der Streit eskalierte am 12. August 1969. Im nordirischen Derry stürmten Protestanten den katholischen Stadtteil Bogside. Provozierten, indem sie den 280en Jahrestag der Befreiung von den Katholiken feierten. Katholiken verbarrikadierten sich und lieferten sich mit den Protestanten Straßenschlachten. Viele Verwundete und Tote auf beiden Seiten.

Parteien entstehen, IRA auf Seiten der Katholiken.

UVF, eine Freiwilligenarmee der nordirischen Provinz Ulster, die die Interessen der Protestanten vertrat. Ein veröffentlichter Brief beweist, wes Geistes Kind sie waren:

«Von diesem Tag an erklären wir der IRA und ihren Splittergruppen den Krieg. Bekannte IRA-Männer werden von uns gnadenlos und ohne Zögern exekutiert. Wir dulden

keine Einmischung, von welcher Seite sie auch kommen. Warnen die Behörden vor weiteren beschwichtigenden Reden. Wir sind schwer bewaffnete Protestanten und unserer Sache voll ergeben».

Logisch, dass Katholiken sich wehrten, zu Gewehr und Sprengstoff griffen. Erst 2005 beschlossen beide Seiten, die Kämpfe zu beenden. Immer noch rumort es unter der Decke. Corona-Maßnahmen zum Anlass genommen. Der Austritt Großbritanniens aus der EU bringt neue Probleme im Handelsverkehr.

Die Europäische Union aber selber auch in der Kritik. Nach einem Abkommen mit der Türkei soll sie keine Flüchtlinge mehr über die Grenze nach Griechenland lassen. Die EU zahlt Erdogans Staat Millionen, um Flüchtlinge fern von ihren Südgrenzen zu halten. Die Folgen für die aus blanker Not Flüchtigen sind völkerrechtswidrig. Überwiegend junge Männer aus Syrien, Afghanistan Irak und dem Iran folgen Schleppern. Versuchen, über den sehr gefährlichen Grenzfluss oder übers Gebirge nach Griechenland zu kommen. Und von da in andere europäische Länder. Nach unerträglichem Leben in ihrer Heimat in Frankreich, England oder Deutschland neu anzufangen.

Ankommende werden an der Grenze von türkischen Polizisten festgenommen. Überläufer auf griechischer Seite von dortiger Polizei. Beide auf eingezäunten Freiflächen sich selbst überlassen. Kein frisches Wasser, keine Schlafstatt, keine Toiletten wie auf Campingplätzen. Alles, was von Wert ist, nimmt man ihnen ab: Geld, Handy und Armbanduhren. Prügeln sie bei jeder Gelegenheit. Lassen ihre Wut über ihre Regierung, die EU an Unschuldigen aus. Nur wenigen gelingt es zu fliehen. Immer wieder findet man Leichen in den reißenden Gewässern des Grenzflusses. Abgestürzt im Gebirge. Mit versteckter Kamera beweisen Korrespondenten von TV-Sendern, dass an Stellen, die Hilfe und Fürsorge verlangen, Gewalt an der Tagesordnung ist.

2020 meldete die Schweiz jüngere, noch nicht volljährige Täter. Gründe mehrere, wie immer bei Straftaten. Heute spielen neben Problemen in Familie, Schule oder Arbeitsplatz auch die Folgen der Corona-Krise eine Rolle. Notwendige Einschränkungen verursachen Langeweile. Alkohol und Drogen scheinen zu helfen. Kosten aber Geld, das Heranwachsende nicht haben. Besorgen es sich gewaltsam. Reißen Portemonnaies aus den Taschen derjenigen, bei denen sie Geld vermuten. Wehren die sich, greifen sie zum Messer und stechen zu. Verletzte und Tote bleiben auf der Strecke. So, wie sie es in Krimi-Serien immer wieder sehen. Gewalt zeugt Gewalt, ein Naturgesetz. Bei jungen Arbeitslosen wächst die Sehnsucht nach einem starken Mann. «Wehret den Anfängen» die oft gebrauchte Formel. Woran aber erkennt man einen, der böse ist und Böses plant?

Leider erkennt man sie erst an den Folgen ihrer Taten. Dann aber ist es zu spät. Die zunehmende Zahl autokratisch regierender Regierungschefs beweisen es: «Putin» in Russland, «Kim Jong Un» in Nordkorea, «Xi Jingping» in China. Um die größten zu nennen. Aber auch im viel kleineren Syrien herrschen Willkür und Terror. Verantwortlich «Bashar al Asad» für ca. 80.000 Tote und 5 Millionen, die aus ihrer Heimat immer noch fliehen. Frau und Kinder nachholen wollen. «Orban» in Ungarn schränkt die Presse und Meinungsfreiheit ein.

«Erdogan» in der Türkei erkennt man an den Folgen seiner traditionell islamischen Politik. Wer nicht dem Islam folgt, ist sein Feind. Die PKK zum Beispiel, eine Untergrundorganisation. Kurden mit 19% die größte ethnische Minderheit im

Staat, verlangen Gleichberechtigung. Wiedergutmachung für die Opfer der in den 1920ern gewaltsam niedergeschlagenen Aufstände der Kurden in Ararat. Zwangsweise aus ihren Dörfern umgesiedelte Familien.

Erdogan bekämpft sie mit Einheiten des Militärs. Lässt Kritiker jeder Couleur einsperren. Zurzeit sind sogar 165 ausländische Journalisten inhaftiert. Sie hätten bei ihren Recherchen mit der Gülen-Bewegung sympathisiert, die seine Regierung kritisiert. Nur widerwillig verhandelt sie mit deren Heimatländern. Wähnen das Recht auf ihrer Seite. Außer bekannten Despoten sind noch unzählige durch Putsch an die Macht gekommene Emporkömmlinge zu nennen. Sie verhalten sich nicht viel anders. Macht gewinnen und ausüben ihr Motiv.

Der Iran scheint ein Sonderfall zu sein. Während der Revolte gegen den despotisch herrschenden Schah «Reza Pahlavi» kam 1970 der im Exil lebende «Ali Ajatolla Chomeini» aus dem Exil zurück. Versprach den enttäuschten Landsleuten einen Gottesstaat. Der Islam wird die Politik bestimmen, nicht weltliche Interessen. Staat und Religion sind bis heute im Selbstverständnis des Iran eine Einheit. Regelmäßig tagt ein Parlament, kann aber Vetos der Legislative nicht überstimmen. Ein

«Wächterrat» überwacht die Arbeit der ausführenden Organe, formal betrachtet. Ein «Expertenrat» die des Staats-Oberhauptes. Der ist immer auch der oberste Rechtsgelehrte. In diesem Amt, solange er lebt. Von Allah ausersehen, nicht gewählt. Kann aber auf Empfehlung des obersten Justizbeamten entlassen werden. Falls er die ihm auferlegten Pflichten nicht erfüllt. Oder aus Alters- oder Krankheitsgründen nicht mehr erfüllen kann. Der Koran schiitischer Version das Gesetz, von den Verantwortlichen in der Regierung wortwörtlich ausgelegt.

Frage: Kann man Politiker, die in der Gewissheit religiöser Überzeugungen regieren, für schuldig halten? Religion eine aufgezwungene Diktatur? Mit dem Versprechen, wer uns folgt, dem ist der Himmel sicher. Oder Opium für 's Volk? Wie Karl Marx sie definierte. Das Christentum fast ein Jahrtausend lang sowohl Heilsbringer als auch Strafverfolger. Erklärte in Inquisitions-Gerichten Abtrünnige und Andersgläubige zu Feinden der wahren Kirche Christi. Verfolgte sie und brachte sie um. Keiner kritisierte sie öffentlich. Das eigene Nest beschmutzt man nicht.

Heute sieht man auch das kritischer als früher. Vermeidet aber, der Kirche längst verjährte Verletzung von Menschenrechten vorzuwerfen. Obwohl sie laut EGMR, Europäischem Gericht für Menschenrechte nie verjähren. Erstmalig formuliert 1959. Als Folge zunehmender Verbrechen gegen die Menschlichkeit. Spüren sie seitdem in allen Ländern auf und bringen sie vor das Gericht in Straßburg.

Aktuelle Verletzungen von Menschenrechten im Iran, in Russland, China, Syrien, Südamerika und einigen afrikanischen Staaten bisher nicht in Den Haag verhandelt. Lediglich Gegenstand mehr oder weniger deutlicher Verlautbarungen von Politikern demokratischer Länder.

Auch nicht in Den Haag verhandelt, als bekannt wurde, im demokratisch regierten Kanada wurden Frauen indigener Ureinwohner Opfer staatlicher Gewalt. Weil stichhaltige Beweise fehlen. Regierung und Kirche sich weigern, belastendes Material herauszugeben. Jüngste Proteste indigener Mitbürger vor dem Parlamentsgebäude in Ottawa könnten zu einem Kurswechsel führen. Von engagierten Parlamentariern unterstützt.

Polizisten angeklagt, Kinder ihren Eltern entrissen zu haben. Sie in Internate gebracht, um sie zu zivilisieren, wie es hieß. Dort gepeinigt, auf Elektrostühlen mit Stromstößen gezwungen, zu lernen, was sie nicht wissen. Nach Schulabschluss versuchten viele von ihnen zu vergessen. Bald aber abhängig von Alkohol und Drogen. Suizidg1efährdet und niemand half ihnen. In Reservaten bis heute von der übrigen Bevölkerung isoliert.

Frauen vergewaltigt und beiseite geschafft. Zwischen 1980 und 2012 insgesamt 1181 von Polizisten ermordet oder als vermisst gemeldet. Ministerpräsident Justin Trudeau versprach, Frauen und traumatisierte Überlebende der Umerziehungsanstalten und deren Nachkommen zu entschädigen. Bis heute hat der kanadische Staat keine Zahlungen bewilligt. In «Den Haag» ist man machtlos, weil nach wie vor Beweise fehlen. Gut, dass wenigstens «arte» darüber berichtete. Und Leser*innen es auch in diesem Buch erfahren.

An dieser Stelle muss die Frage erlaubt sein: Dürfen Politiker über Gut und Böse, Recht oder Unrecht entscheiden? Im Normalfall sind Gerichte dafür zuständig. Denn Politiker sind Menschen wie du und ich. Können sich irren oder, von Egoismus getrieben, perversen Machtgelüsten folgen. Gewählt oder sich selbst autorisiert, um nichts anderes als Macht zu erhalten. Sachverhalte zu ändern, Menschen zu manipulieren. Im schlimmsten Fall unliebsame Widersacher einsperren oder umbringen lassen. Und blutige Kriege zu führen.

Im pseudodemokratischen Russland erhalten sie vom Parlament, der Duma, grünes Licht. In China und Nordkorea von ebenso hörigen Parlamenten. Dann und wann sehen sich auch Präsidenten demokratisch regierter Staaten veranlasst, in anderen Ländern militärisch einzugreifen. Für «George W. Busch» war der Terror-Anschlag auf den «Twin Tower» in New York Anlass, den Irak zu überfallen. Diktator «Saddam Hussein» sei der Initiator und bastele bereits an Atomwaffen. Bald kam eine Koalition der Willigen zustande, die USA mit eigenen Truppen und Waffen-Systemen zu unterstützten. Nur Nato-Partner Deutschland mit Kanzler Helmut Schmidt weigerte sich, an diesem Krieg teilzunehmen.

In den USA werden Schwarze und Latinos nach wie vor wegen ihrer Herkunft diskriminiert. Obwohl sie seit 1964 laut Gesetz gleichberechtigt sind. Russland schickte 1979 Truppen nach Afghanistan, der dortigen kommunistischen Regierung zu helfen. Die USA halfen der muslimischen Opposition mit 3 Milliarden Dollar, sich aufzurüsten. Obwohl sie nicht im Parlament vertreten war. Ihr Ziel, den Einfluss der Sowjetunion zu stoppen. Nicht lange danach auch im Irak das Böse bekämpft. Es gefährde die eigene Sicherheit, bedrohe die ganze

Welt. Beide, von ihren Präsidenten befohlene Unternehmungen, endeten chaotisch. In Afghanistan und im Irak nicht endende Bürgerkriege mit unzähligen Toten. Viele geflohen, fliehen immer noch. Familien zerrissen und große Armut die Folge bis heute. Jugendliche geprägt für 's Leben, werden gewalttätig.

Auch der Iran missachtet Menschenrechte. Verfolgt und bestraft Menschen, die Meinungen äußern, die nicht mit dem Koran kompatibel sind. Mehr Freiheit im Alltag fordern. Man kontrolliert sie, um sie überführen zu können. Anzuklagen, gegen das Gesetz der «Scharia» verstoßen zu haben. Quasi das Bürgerliche Gesetzbuch des Iran. Es schreibt vor, wie ein Moslem leben muss, um Allah zu gefallen. Seit die Jugend im Iran per Handy und Smartphon von Freiheiten in anderen Ländern erfahren, werden sie aufmüpfig. Bald folgten ihnen auch ältere, die ihren Job verloren hatten.

Konkreter Anlass waren dreifach höhere Benzin- Preise. Die angeblich der armen Bevölkerung zugutekämen. De facto aber benutzt, um Gehälter in Verwaltungen und Militär bezahlen zu können. Amerikanische Sanktionen hatten die Wirtschaft geschwächt. Preise für Waren und Dienstleistungen gestiegen. Immer mehr Menschen arbeitslos, große

Teile der Bevölkerung verarmt. Das Misstrauen gegenüber der Regierung wuchs und führte 2019 in über 100 Städten zu Protesten. Man beschuldigte sie, Randalier im Auftrag feindlicher Mächte zu sein. Knüppelte sie nieder. Mehr als 200 junge, aber auch ältere Menschen verloren ihr Leben, ca. 7000 festgenommen. Es wird ihnen der Prozess gemacht.

Politiker spielen verrückt: Republikaner «Trump» kündigte das Atomabkommen. Umarmte «Kim Jong Un». Beschimpft Demokraten im Senat als Feinde der Freiheit. Der Iran verbündet sich mit China. Die USA und Israel beider größte Feinde. Und umgekehrt. Es sind Männer, die so agieren, um ihr System zu erhalten. Inklusive ihrer meist korrupten Umgebung. Oder solche, die sich aus anderen Gründen von außen bedroht sehen und Bündnisse mit deren Erzfeinden schließen. Schaut man fern, liest die Zeitung, verfolgt die Stimmen auf Sozialen Netzwerken, scheint es nur noch Feinde zu geben.

Steuersünder sind per se Feinde des Fiskus und umgekehrt. Bekämpfen sich, jeder auf seine Art. Finanzbehörden tauschen Daten mit denen anderer Staaten aus. Überraschen unangemeldet mit

Steuerprüfungen. Steuerpflichtige dagegen irritieren die Behörden mit Briefkastenfirmen und Flucht in Steuerparadiese.

Flüchtlinge sind Feinde der einheimischen Bevölkerung, in den Augen von Populisten. Bürger und Bürgerinnen denken dasselbe, auch wenn sie es nicht laut sagen. Politik hindert Flüchtlinge mit bürokratischen Hürden daran, sich zu wehren. Flüchtlingsheime von Neonazis in Brand gesetzt. Juden wieder als Feinde beleidigt, ihre Synagogen beschmiert. Die EU per se der Feind von Selbstbestimmung. Regierungen Feinde, weil sie uns zwingen, während der Pandemie eine Maske zu tragen. Abstand zu halten. Die löbliche Absicht in den Augen vieler ein Verstoß gegen das Grundgesetz. Ein Kapitalist der Feind an sich. Aus Sicht niedriger Einkommen. Harmonie also nur Wunschvorstellung von Illusionisten?

Leider auch in Schulklassen, in denen eine Mehrheit einzelne Schüler mobbt. Weil ihre Eltern Türken sind oder Afghanen. Kein Handy besitzen, nicht nach der neusten Mode gekleidet. Oder auch einen, der fleißiger als die anderen ist, ein Streber. Ein anderer zurückhaltend und scheu. Meidet Streit, balgt sich nicht auf dem Schulhof wie die anderen. Mit niemandem richtig befreundet. Martialische Gründe, Mitschüler, die ich nicht wehren wollen oder können, ins Abseits zu stellen. Lehrpersonen versuchen zu schlichten, fällt es ihnen nachhaltig auf. Der oder die gemobbte aber bleibt ausgeschlossen. Pubertierende Jugendliche wollen sich bis zum Limit ausprobieren.

Auch in Büros scheint Freund-Feind-Denken verbreitet. Dann vor allem, wenn die eigene Karriere im Spiel ist. Nicht selten verlassen Gemobbte die sichere Stelle, um anderswo Geld zu verdienen. Neuerdings kann Mobbing gerichtlich oder außergerichtlich geahndet werden. Ist die Beweislage eindeutig. Unternehmer und Manager wären gut beraten, forderten sie in Arbeitsverträgen nicht nur Fachwissen, auch Teamgeist und Goodwill forderten.

Realisten haben des ungeachtet Fortschritte in der Datentechnik genutzt. Entwickelten die «Künstliche Intelligenz». Mit ihr soll alles friedlich funktionieren. Mit Supereinsichten, von Algorithmen gesteuert, nicht von Emotionen. Bereits in Drohnen zur Überwachung eingesetzt, Menschenopfer zu vermeiden. Das Pentagon der mächtigen USA aber befahl, den iranischen General «Kassem Soleimani» mithilfe einer Drohne ins Jenseits zu befördern. Was in der muslimischen Welt erhebliche Proteste, im Westen Sympathie-Kundgebungen ausgelöst.

Aber Mord bleibt Mord. Es würde nicht verwundern, brächte Iran oder Ägypten den Fall vor den Internationalen Gerichtshof in Den Haag.

«K.I.» soll in Bälde den Menschen total ersetzen. Dem wird nichts anderes übrig bleiben, als auf den Mars zu fliehen. Wie Astrophysiker «Stephan Hawking» prophezeite. Weil die Erde, auf der wir gezwungen zu leben, bald nicht mehr bewohnbar sei. Von immer aggressiver werdender Gewinnsucht zugrunde gerichtet. Viele Ressourcen jetzt schon erschöpft. Aggression immer schon das Merkmal einer Zeit.

Immer ist es ein besondere Typ Mensch, der Macht über Menschen und Länder mit ihren Ressourcen haben will. Getrieben von Egoismus, Selbstmitleid oder Selbstüberschätzung. Wie Hitler, Idi Amin und Kim Jong Un. Mit Abermillionen Opfern. Firmen-Inhaber, die ihre Arbeiter in Gruben nach seltenen Erzen, in Flüssen nach Gold suchen lassen. In erloschenen Vulkanen nach Diamantgestein. Ihre Gesundheit in hohem Maße gefährdet und nur gering entlohnt. Sodass sie selbst des nachts oder ihre Familien dazu verdienen müssen.

Unbekannt die Zahl von Tätern, die nicht in der Öffentlichkeit bekannt werden. Oder erst, wenn es schon zu spät ist. In den 1920ern entdeckte man durch Zufall, dass Fritz Heinrich Karl Haamann, unbemerkt von Polizei und Öffentlichkeit, Massenmorde verübt hatte. Vierundzwanzig junge Männer im Alter von 10 bis 24 Jahren auf grausame Art und Weise umgebracht. Nach eigenen Aussagen hätten die Opfer ihn sexuell erregt. Er sich nur retten konnte, wenn er ihren Kehlkopf durchgebissen, sodass sie erstickten. Die Köpfe abgeschnitten, ihre Leichen zerstückelt und in das Flüsschen Leine geworfen. Der Staatsanwalt klagte ihn des mehrfachen Mordes an. Das Gericht verurteilte ihn zum Tode durch Enthaupten. Einer von wenigen, die erwischt und bestraft wurden.

Unbestraft bleiben die meisten Machos in Familien. Umfragen ergaben, Frauen sehen sich noch in der traditionellen Rolle, dem Mann untergeordnet. In Frauenhäuser geflohene gestehen, sie selbst haben den Anlass zu Schlägen gegeben. Zunehmend aber protestieren immer mehr Frauen. Nennen ihre Vergewaltiger und bringen sie vors Gericht. «MeToo» mich auch – das öffentliche Bekenntnis selbstbewusster Frauen. Eine Bewegung, die Geschlechtsgenossinnen in vielen Ländern zu gleichen Protesten ermutigte.

In Argentinien dominieren Machos das private und öffentliche Leben. Alle 30 Stunden stirbt eine Frau durch häusliche Gewalt. Oder als Opfer der Prostitution. Ehemänner, Exfreunde und Zuhälter töten sie mit Schlägen. Bringen sie mit der Machete um oder erschießen sie, sind sie nicht willig. Am 25. November 2016 gingen im ganzen Land Zehntausende Frauen auf die Straße. Mit Schildern, die ihr Problem öffentlich machten: «El Machoismo Mata Cada 30 Horas». Der Machoismus tötet alle 30 Stunden. Fordern die Todesstrafe. Leider erwischt man die wenigsten. Wie überall in der Welt.

Gleichberechtig sind Frauen bei uns zwar theoretisch, aber in Praxi nicht. Nur 26 % der oberen Führungskader deutscher Privatunternehmen sind Frauen. Die Entlohnung gleicher Arbeit immer noch geringer als die von Männern. Eine Umfrage von Soziologen bestätigt, dass eine Mehrheit von Männern und Frauen das Rollenbild des 19. Jahrhunderts akzeptiert: Der Mann zuständig für das Einkommen. Die Frau für Haushalt und Erziehung der Kinder. Obwohl immer mehr Frauen arbeiten müssen. Das Haushaltsgeld aufzubessern oder alleinerziehend doppelt belastet, gleichzeitig Haushalt und Kinder versorgen. Gewisse Typen von Männern scheint es kein schlechtes Gewissen zu bereiten. Spielen die Rolle des Machers, der alles allein bestimmt. Oder andere zwingt, statt seiner zu agieren.

Seit 25 Jahren werden im Kongo Teenager im Alter von 12-13 Jahren gezwungen, Soldat zu werden. Entführt auf dem Weg zur Schule oder einzukaufen für die Familie. In Lagern zu Kämpfern ausgebildet. Wer sich weigert, wird umgebracht. Rebellenführer «Joseph Kony», «Thomas Lubanga» oder Laurent Nkunda» verfolgen unterschiedliche Ziele. Kony will einen Gottesstaat errichten, am Iran orientiert. Die nicht an Allah glauben, kurzerhand erschossen. Kinder-Soldaten lernen, mit einer Kalaschnikow umzugehen. Von mehr als 60.000 rekrutierten Jungens haben weniger als die Hälfte den Dschungel lebend verlassen. Traumatisiert ein Leben lang. Opfer und Täter gewesen zu sein. Zeugen oder selber andere gefoltert und anschließend erschossen.

Clanführer in anderen afrikanischen Staaten wollen wieder mehr Macht haben. «Thomas Lubanga» oder «Laurent Nkunda». Beide rekrutieren Kinder-Soldaten, um ihre Ziele zu erreichen. Lassen sie politische Gegner töten, Regierungsgebäude in Brand stecken. Oder die öffentliche Ordnung stören, indem sie Geschäfte überfallen, die Kasse rauben. Erschießen, wer sich wehrt. Niemand mehr seines Lebens sicher.

«Lubanga» in Den Haag vor dem Internationalen Gerichtshof. Angeklagt, Kinder zum Töten gezwungen zu haben. Er versuchte sich zu rehabilitieren und meinte, andere tun dasselbe und müssten wie er vor Gericht. Den Anklägern ging alles viel zu zögerlich. Rechtssysteme aller Länder seien zu berücksichtigen. Die Kinder aber sind derweil ihrem Schicksal überlassen. Nichts gelernt als andere Menschen zu töten. Und wir schauen zu, bedauern sie im besten Fall.

Nicht anders im Prinzip geht es minderjährigen Kindern aus Rumänien, die mit ihrer Familie in Deutschland leben. Von Mitgliedern einer Gang während eines Heimaturlaubs auf Diebstahl trainiert. Ihr Geschäfts-Modell: Kinder sind lieb, niemand traut ihnen Diebstahl zu. Unbemerkt im Gedränge stibitzen sie Geldbörsen aus Tüten, Mantel- oder Hosentaschen. In vollen Straßenbahnen oder Geschäften am Wochenende kein Problem. Ihre Eltern müssen das Geld nach Rumänien überweisen, sonst entfällt ihr Anteil im laufenden Jahr. Da sie aber darauf angewiesen, funktioniert es wie geplant.

Die Drahtzieher daheim profitieren davon am meisten. Männer in Anzügen von Dior oder Armani. Besitzer von Villen, unterwegs im Cadillac, umgeben von schönen Frauen. Kontrollieren die Eltern in den trächtigsten Großstädten der Welt, ob alles rechtens ist. Ihre Kinder nur Mittel zum Zweck.

Hier ist die Frage erlaubt: Kann ein 10jähriges Kind, das Diebstahl als Kunstfertigkeit erlebt, es als strafbaren Verstoß gegen das Gesetz begreifen? Psychologen warnen schon lange, solche Kinder nur als Sonderfall zu betrachten. Alles, was Kinder im Elternhaus erleben, prägt den Menschen, der sie später sind. Nicht nur in rumänischen Familien. Wer aber will sie verurteilen, weil blanke Not sie zwingt, auf diese Weise Geld zu verdienen? Ihre Auftraggeber nicht verraten, um Miete und Kita, Strom und Lebensmittel bezahlen zu können.

Ebenso hilflos jeder, der die neueste Datentechnik nutzt, um rascher zu agieren. Freunde weltweit zu kontaktieren, Geschäfte zu machen. Das Leben angenehmer zu gestalten. Aber die Sicherheit ihrer persönlichen Daten im Netz ist gefährdet. Hacker und Cyberkriminelle zunehmend aktiv. Ihre Zielobjekte: Private Bankkonten, Krankenakten, aber auch Flugverkehr und Energie-Versorgung. Sie könnten auch den Einsatz militärischer Waffen-Systeme unter ihre Kontrolle bringen. Lösegelder zu erpressen.

Sollte es ihnen in großem Maße gelingen, ein zweiter Hitler hätte es leicht, par Distanz Feinde überall auf der Welt handlungsunfähig zu machen. Daten-Techniker und Sicherheits-Mathematiker wissen um diese Möglichkeiten und haben bereits einen Super-Computer entwickelt: Das «Cognitive Security Operation Center» erkennt solche Attacken und neutralisiert sie. Private Nutzer von Laptop oder Smartphone sind ihnen hilflos ausgeliefert. Wenn sie bei Transaktionen, gleich welcher Art, ihre Daten eingeben.

Was sind das für Kriminelle, die riesigen Schaden anrichten könnten und ungestraft agieren. Menschen, die wie jeder ein Gewissen haben. Sich fragen müssten, hilft es anderen mit dem, was ich tue? Oder schadet es ihnen? Verdrängen es, weil das Böse ihn ihnen sie treibt, sich zu bereichern. Menschen mittels Datentechnik weltweit zu veranlassen, ihre persönlichen Daten einzugeben. Sich damit Vorteile verschaffen, die auf legalem Weg nicht möglich sind. Geldgier ihre Motivation. Von Menschen mühsam erworbenes Kapital aus egoistischen Gründen ganz einfach per Tasten-Tipp für sich vereinnahmen.

Es hat den Anschein, als interessiere eine Mehrheit unserer Bevölkerung nicht, was andere treiben. Selbst ihr eigenes Denken und Handeln reflektieren sie nicht. Obwohl es der Gemeinschaft als Ganzes gut täte. Sind sie doch von Natur aus mit Vernunft ausgestattet, zu lernen. Als Kind schon, Gut und Böse zu unterscheiden. Erwachsen und klüger geworden, entsprechend handelt. Aber im Alltag mal motiviert, aufzubauen, mal zu zerstören. Mal auszugrenzen, mal einzuschließen. Getrieben von Gefühlen, Sympathie oder Antipathie. Beeinflusst vom Mainstream.

Jetzt, während der Pandemie wäre die Gelegenheit günstig, darüber nachzudenken. Emotionen und hin und wieder spontan geäußerte Meinungen einer Prüfung zu unterziehen. Jetzt, wenn wir Home-Office erledigt, mehr freie Zeit haben. Wie wär 's, wenn wir die Ruhe um uns herum einatmen, um selber ruhig zu werden. Nachdenken können. Über eigene Standpunkte und Meinungen. Unser Verhältnis zu Nahestehenden in der Familie. Zu Kollegen, zu denen, die uns im Hausflur, auf der Straße, in Geschäften begegnen. Menschen-Schicksale, von denen wir in TV-Nachrichten, in Zeitungen erfahren.

Uns selbst Gedanken machen und nicht dem Mainstream folgen. Der nur Ausdruck einer Mode, eines Trends, der vorübergeht. Positiv denken und handeln ist unabhängig von kurzfristigen, stets wechselnden Meinungs-Äußerungen. Fake-News zumeist, die nur den Zweck verfolgen, die Gesellschaft zu spalten. Nachdenken jedoch zeichnet autarke Persönlichkeiten aus. Und jeder möchte doch einer sein, der nachgedacht hat, bevor er handelt. Oder?

Im Grunde hat jeder ein Gespür für Gut und Böse. Und daher in der Lage, beides zu unterscheiden. Könnte also die Konsequenzen ziehen und den eigenen Erfahrungen und Erkenntnissen folgen. Nicht denen anderer. Gewalt vermeiden und versuchen, anderen, auch fremden Menschen, gerecht zu werden. Zumindest aber sein lassen, die sie sind. Es hilft, sich schon in Gedanken an dem orientieren, was uns selber gut tut. Das Sprichwort erinnern:

«Was du nicht willst, das dir man tu, das füg' auch keinem andern zu.»

Anerkannt zu sein und geliebt, um unserer selbst willen. Auch eine Arbeit kann man akzeptieren, sogar lieben. Wenn sie uns Freude und Befriedigung bereitet. Selbst einer, der nur arbeitet, um

Geld zu verdienen, sich leisten zu können, was andere haben, kann diese Arbeit akzeptieren und mögen, wenn er es will.

Immer gibt es einen Aspekt, Arbeit zu mögen. Weiß man am Fließband, ich bin nicht allein, mit allen am Band solidarisch verbunden. Ein freundliches Wort zwischendurch, das gleiche Problem bei anderen tröstet ein wenig. In Büro oder Werkstatt, öffentlichem Nahverkehr oder väterlichem Laden ist glücklich, wer sich vorgenommen, seine Arbeit gewissenhaft und handwerklich optimal zu erledigen. Nicht, weil ein Vorgesetzter es angeordnet, sondern sich selbst zuliebe. Nichts befriedigt mehr, als nach getaner Arbeit zu erkennen: Ich habe es geschafft, erreicht, was ich wollte. Kunden zufrieden, zahlen für Qualität einen höheren Preis.

«Markold Niemz», Professor für Physik an der Uni in Karlsruhe und Philosoph schreibt: «Wir sind es gewohnt, Menschen und Dinge aus einem bestimmten Blickwinkel zu sehen und zu beurteilen. Ändert sich der Blickwinkel, ändert sich unser Verhalten. Zum Positiven oder Negativen. Wir arbeiten, um Geld zu verdienen. Wer sich aber an seine Arbeit verliert, ohne an Geld oder Beförderung zu denken, gewinnt. Weil alles Denken und Tun auf ein optimales Resultat seiner Arbeit konzentriert ist. Gewinnt am Ende die beglückende Erkenntnis: Es ist mir gelungen, was ich wollte.

Männer heiraten Frauen, weil sie eine gute Figur haben, eine hohe Mitgift mitbringen oder einen Vetter, der ihn zu einem hohen Posten in seiner Firma verhelfen kann. Wer sie um ihretwillen liebt, erfährt das Glück wiedergeliebt zu werden. Basis eines gemeinsamen Lebens, das alle Tiefs überdauert.» Niemz hat es selbst erfahren:

„Hatte ich mich voll und ganz der Lösung eines physikalischen Problems gewidmet, war ich glücklich, wenn es mir gelungen. Egal, was einer macht, er sollte es mit Hingabe tun, sonst besser lassen. Auf einen günstigeren Zeitpunkt verschieben. Oder zu einem Arbeitgeber wechseln, der ihm liebenswerte Arbeit offeriert. Nicht anders in meiner Ehe, Frau und Kinder ernst genommen. Alles getan, sie glücklich zu machen. Glücklich, weil sie es sind."

Grundsätzlich empfiehlt Niemz, das Leben hier auf Erden zu genießen. Um von Mal zu Mal bestätigt zu werden, dass hier der Himmel ist. Hier uns lieben und umarmen. Hier Gutes tun und erfolgreich sein. Uns freuen, dass es so ist. Gelassen dem Tod entgegen sehen. Ein mögliches Danach hat keine Bedeutung für den, der am Ende seines Lebens sagen kann: Ich habe mein Leben gelebt. Und es war wunderbar. Der Himmel kann nicht schöner sein.

Daraus lässt sich ableiten, die Absicht, Gutes tun zu wollen ist notwendige Voraussetzung, Gutes zu tun.

Jeder hat die Chance, in Gedanken positive und negative Aspekte von Menschen und Sachverhalten zu erkennen. Abzuwägen, bevor er ein Urteil fällt und danach handelt.

Flüchtlinge als Menschen zu sehen, sich in ihre Lage hineinversetzen. Statt sie, Populisten folgend, als Feinde oder Schmarotzer zu diffamieren. Den Kumpel, der penetranten Knoblauch-Gestank verbreitet, fragen, was er denn Leckeres gegessen habe. Statt ihn wie die Pest zu meiden. In der Tram einer schwangeren Muslima seinen Platz anbieten. Statt zum Fenster hinausschauen, um nicht aufstehen zu müssen. Die Ehefrau in den Arm nehmen, wenn ihr beim Einräumen eine kostbare Meißener Tasse zerbrach. Statt sie zu beschimpfen. Geschäfts-Konkurrenten zum Gespräch bitten. Statt sie mit Niedrigstpreisen in den Konkurs zu treiben. Den Nachbarn bei der Polizei anzeigen, weil dessen Terrier sein Kind vom Platz verjagte. Statt ihm zu empfehlen, den Hund anzuleinen, wenn Kinder im Vorgarten spielen. Die eigene Frau wortlos verlassen. Statt sie zu bitten, offen über beider Probleme zu sprechen.

Warum ist es so schwer, Gutes zu tun. Ein fremdes Kind auf den Arm nehmen, das weint. Einen Blinden über die Straße zu begleiten. Sich vornehmen, jedem in der Fußgängerzone ein Lächeln zu schenken.

Oder wie «Chloé Zhao», in China geborene, in den USA lebende Filmemacherin, die Menschen und keine Helden oder Stars auftreten lässt. Sondern Menschen, die außerhalb der Gesellschaft leben. Mit all ihren Schwächen, aber auch Vorzügen. Leidenschaftlich, sehnsüchtig, traurig, lieb oder unausstehlich. Sie weiß, dass Zuschauer sich mit ihren Protagonisten identifizieren. Weil es Menschen wie du und ich sind. Erkennen oder fühlen, alle Menschen auf diesem Globus finden ihren Platz. Anlass für jeden, sich als Teil der Weltgemeinschaft zu verstehen.

Andere denken an Schillers «Ode an die Freude»: Alle Menschen werden Brüder da, wo Freude, schöner Götterfunken weilt. Fragen sich, warum eigentlich nicht? Wäre nicht dieser verflixte Selbstschutz-Mechanismus, der abwehrt, was man nicht kennt. Zu Feinden erklärt. Auch der so alt wie die Menschheit. Mit letzter Konsequenz Judith im Alten Testament, die den babylonischen Eindringling Holofernes trunken machte, dann mit seinem eigenen Schwert den Kopf abschlug.

Im antiken Griechenland nannten Philosophen es: Xenophobie. Fremdenfurcht. Furcht vor Veränderungen. Neues, das man nicht kennt, verunsichert, macht Angst. Man sieht sich bedroht in seiner Existenz. Und wehrt sich. Populisten nutzen immer schon die Stimmung aus, an die Macht zu kommen. Versprechen, alles bleibe beim Alten. Auch im antiken Griechenland. Bis «Perikles» im 5. Jahrhundert v. Chr. die Führung des «Attischen Seebundes» übernahm.

Er erkannte, Xenophobie schadet dem Gemeinsinn. Verhindert die notendige Geschlossenheit im Kampf gegen äußere Feinde. Aktuell damals «Xerxes» und «Dareios», eroberungswütige Perser-Könige. Perikles unternahm alles, das Volk hinter sich zu bringen. Studierte seine Gewohnheiten, Sorgen und Ängste. Bald schon verlegte er die Diskussion über Gesetze und Maßnahmen auf den «Aeropag». Ein Felsplateau im Zentrum von Athen. Auf dem seit Jahrhunderten der Ältestenrat aus Mitgliedern des Adels tagte und Beschlüsse fasste.

Jetzt konnte dort jeder freie männliche Bürger seine Meinung äußern. Frauen erhielten das Stimmrecht erst im 20. Jahrhundert wie in allen Staaten der Welt. Damals konnten Bürger nicht nur ihre Meinung zu geplanten Maßnahmen äußern, auch selber Gegenvorschläge machen. Zu Plänen der Verwaltung. Bereits formulierten Verordnungen, Gesetzen vor ihrer praktischen Umsetzung. Die einfache Mehrheit entschied, was realisiert werden sollte.

Vor zweieinhalb Jahrtausenden entstand also eine Staatsform, die in ihren Grundsätzen heute nur in der Schweiz als «Direkt-Demokratie» oder «Basis-Demokratie» existiert. Das Volk entscheidet über Vorschläge, die Parteien ausgearbeitet. Langwierig die Verhandlungen bis zur Realisation, weil alle 26 Kantone um Kompromisse ringen. Niemand das Gefühl haben soll, Verlierer zu sein. Bürger und Bürgerinnen vieles von dem erreicht, was sie in Voten verlangten.

Als kluger Staatsmann wusste Perikles, dass die gefürchteten Perser auf manchen Gebieten weit fortschrittlicher waren als die Griechen. Von dem sie selber schon länger profitierten. Perser, die nach Griechenland kamen, aus welchen Gründen auch immer, seien deshalb eine Bereicherung. Maurer wissen, wie man Ziegelsteine aus Tonerde formt und brennt. Mit vielen dieser Steine Mauern, Häuser, sogar Gewölbe errichten kann. Leichter und schneller als behauene Felsbrocken zu verarbeiten. Töpfe und Gefäße aus getriebenem Kupfer sind feuerfest und nicht zerbrechlich, wie die aus Keramik. Massagen mit Körperölen lindern oder beseitigen Schmerzen. Medikamente aus Früchten oder Wurzeln gewonnen, helfen, wo Gesundbeten und Schröpfmethoden versagen. Frauen würden sich freuen, von neuen Koch-Rezepten zu erfahren. Von vergoldeten, fein ziselierten, mit Edelsteinen verziertem Schmuck. Persische Goldschmiede gefragt wie kein anderes Handwerk. Alles überzeugende Argumente. Ob es damals zu echtem Miteinander führte, konnte ich nicht ausfindig machen. Perikles' zwanzig Jahre Regierungszeit mit erfolgreicher Außen- und Innenpolitik dürften den Beweis dafür liefern.

Solche Töne hört man von unseren Politikern vergebens. Es scheint, sie betrachten unsere Welt als reines Zahlenwerk, das funktionieren muss. Ihre Bürger aber sind stärker von Emotionen bewegt. Auch in heiß diskutierten Flüchtlingsfragen pro und kontra. Besser wäre, Politiker änderten grundsätzlich ihre Methode. Sprächen Emotionen an, bei allem Verständnis für notwendige Sicherheits-Maßnahmen. Erklärten uns, was Menschen gezwungen hat, zu fliehen. Wie sie sich fühlen. Damit wir es verstehen. Und uns Gedanken machen. Statt mit abstrakten Zahlen um sich zu werfen und Bedingungen zu stellen. Die AfD und Neonazis dazu nutzen, sich zu profilieren.

Niemand verlässt seine Heimat ohne Hab und Gut. Um anderswo ohne Gefahr an Leib und Leben neu anzufangen. Aufgabe der Politik sollte es sein, Flüchtlingen die Hand zu reichen. Asyl-Verfahren abzukürzen. In uns vorhandenes Mitgefühl wecken. Sie als Menschen und nicht als Material zu betrachten. Auch als potentielle Mitbürger zu akzeptieren. Kommen wir ihnen entgegen und helfen, wo und wie es möglich ist. Dann helfen wir auch uns.

Bald gehen mehr Menschen in Rente als die ein Arbeitsleben beginnen. In vielen Bereichen jetzt schon dringend Arbeitskräfte gesucht. Wie in den 1969er und 70er Jahren des Wirtschaftswunders. Als Deutschland händeringend Arbeitskräfte aus anderen Ländern brauchte. Mittlerweile sind Italiener, Spanier, Türken und Griechen mit ihren Familien deutsche Staatsbürger. Ihre Restaurants in der Beliebtheits-Skala ganz oben. Deren Gerichte in den Ferien kennengelernt. Zuhause genießen, sooft sie Lust auf Urlaub haben. Ihre Kinder ehrgeizig, auch in der EDV-Technik versiert zu sein. Die jetzt zu uns kommen, nicht anders. Motiviert und nicht saturiert, wie viele von uns.

Eltern und Großeltern erinnern sich noch an die Nazizeit. Jüdische Freunde um ihr Leben bangen mussten. Bei sich versteckt oder zur Flucht verholfen. Vielleicht kennt noch der ein oder andere einen Überlebenden des Holocaust. Sah Interviews in Fernseh-Dokumentationen, die ihn zu Tränen gerührt. Lange noch in Gedanken beschäftigten. Ziehen wir die Konsequenz daraus und denken an Menschen wie du und ich. Protestieren gegen die Meinung Tausender, die gedankenlos in den Chor von AfD und Neonazis einstimmen. Weil es Mode zu sein scheint, andere auszugrenzen.

Anders löste Dänemark das Problem. Packte es an der Wurzel. Da, wo Menschen fernab von der Zivilisation leben. Entdeckten um 900 die Färör-Inseln im Atlantik und besiedelten sie. Immer schon überließen Regierungen in Kopenhagen den Menschen dort, selbst zu entscheiden. Gesetze zu erlassen, die ihnen nutzten. In der Hauptstadt «Toshavn» tagt eines der ältesten Parlamente. Seit 1948 praktisch autonom. Zwei Abgeordnete vertreten die Interessen der Färör-Inseln mit ihren 1,4 Millionen Bürgern im dänischen «Folking». Die Wirtschaft lebt von Fischfang und Tourismus. Traditionelle Kulturen gepflegt. Kein Grund auszuwandern, das Paradies da, wo ihnen Dänemarks König «Frederik IX.» mit seiner Unterschrift die Freiheit gegeben.

Wie wär es, wenn die sogenannt freie Welt den Menschen in Afrika und anderen Brennpunkten der Welt da helfen, wo sie geboren sind. Verwurzelt mit Land, Gebräuchen und den Angehörigen, die sie zurück lassen, wenn sie fliehen. Helfen trotz der Hemmnisse, die ihnen Diktaturen in den Weg legen werden. Die Macht der freien Welt wird größer sein. Wenn alle zusammenarbeiten. Nicht parallel, oder kontraproduktiv aus Eigennutz. Wie wär 's, wenn sie dort anfingen, wo sie Kolonien besaßen? Altes Unrecht wieder gut machten?

Die entscheidende Frage ist noch nicht beantwortet: Warum neigen Menschen dazu, mal so, mal so zu sein? Mal Gutes oder Böses zu tun? Die Bibel gibt keine Antwort, die man logisch nachvollziehen kann. Ungehorsam die Ursache für den Charakter des Menschen? Eher ist es umgekehrt. Was ist es also, das überwiegend Männer motiviert, gewalttätig zu sein, Macht auszuüben? Die einen da, wo sie keinen Widerstand finden. Andere bei Widerstand erst recht zuschlagen. Ohne Risiko, weil sie Macht, mehr Macht als andere haben in ihrem Umfeld. Im Charakter angelegt oder durch beruflichen Aufstieg bekommen. In Familie, Firma, Verwaltung oder Politik. Schon länger beschäftigt mit dem Problem, entdeckte ich eines Tages das Buch «SELBST IST DER MENSCH» des Hirnforschers «Antonio Damasio». Erfuhr, wie Denkvorgänge zustande kommen, unser Handeln beeinflussen.

In unserem Gehirn registrieren Milliarden Nerven, wissenschaftlich Neuronen genannt, alles, was in unserem Körper an Sentiments und um uns herum in der Realität des Lebens geschieht. Es wird sofort am sogenannten Wertekanon abgeglichen, ob es zu dem passt, was bereits gespeichert ist oder nicht. Wenn ja, werden Eindrücke gespeichert, anderes sofort eliminiert. Folglich ist der Wertekanon nichts anderes als die Summe gespeicherter Erfahrungen eines Individuums. Die sein Denken und Handeln positiv oder negativ beeinflussen.

Er ändert sich im Laufe des Lebens, wenn sich

die eigene Befindlichkeit, persönliches Umfeld oder Einflüsse von außen ändern. In Privatleben, Beruf und Politik. Alles beeinflusst unsere Meinung und daraus resultierendes Handeln. Seit früher Kindheit geprägt durch sinnliche Wahrnehmungen, sehen, hören, riechen und schmecken. Jugendliche in der Pubertät von der Schwierigkeit des Seins.

Erwachsene veranlasst, logisch zu denken, nach ethischen Prinzipien und praktischen Erfordernissen zu handeln. Aber ständig neuen Einflüssen ausgesetzt. In Familie, Arbeitsplatz und Gemeinde. Motiviert oder gezwungen, Meinungen, Überzeugungen und Verhalten zu ändern, oder nicht. Konflikte pro oder contra beenden. Sofort handeln oder abwarten. Jeweils die letzte Entscheidung, die man für richtig hält, ändert den Wertekanon. Im Laufe des Lebens also alles gespeichert, was wir in allen Bereichen unseres Lebens bejaht. Steuert quasi automatisch Denken und Handeln nach dem, was wir zuletzt gemeint, geglaubt und getan. Selbst- oder fremdbestimmt.

Nach Zweifeln Gewissheit. Oder umgekehrt. Nach überstandener Krankheit genossen, wieder gesund zu sein. Neue Erkenntnisse gewonnen, verpasst oder geleugnet. Erfolgreich im Beruf oder nicht. Glücklich in Freundschaft und Ehe oder enttäuscht. Von Vorgesetzen anerkannt oder ignoriert. Mitglied einer Gemeinschaft oder ausgestoßen. Alle Tatsachen und ihre Auswirkungen auf das Gefühlsleben werden im Gehirn registriert, im Wertekanon gespeichert.

Auch wenn es Wertekanon heißt, auch Unwerte, also negative, wie Hass, Mordlust sind gespeichert. Bestimmen solange Denken und Handeln, bis wir unsere Meinung, unser Verhalten ändern. Begriffenes zu Ende gedacht. Versucht, gutem, nicht schlechtem Beispiel zu folgen. Oder umgekehrt. Entweder Schönes genießen oder dem Hässlichen zugetan. Die Zukunft optimistisch erwartet oder Angst vor einem Kollaps. Klimaänderung und jetzt die Pandemie.

Möglich trotz allem, unabhängig von äußeren Einflüssen sich frei zu entscheiden. Wer sich glücklich fühlt, ist motiviert, Gutes zu tun. Schmerz, Trauer, Neid, Eifersucht dagegen motiviert zu resignieren. Oder bösartig zu reagieren. Solche negativen Befindlichkeiten können wir nicht unterdrücken. Aber von Mal zu Mal lernen, dass es auch für uns selber besser ist, nachzudenken, bevor wir handeln.

Versuchen, die Folgen unseres Tuns in Gedanken abzuwägen. Weil allzu oft schwer fällt, ist es ratsam, mit weniger wichtigen Entscheidungen im

Alltag zu beginnen. Uns fragen, nutzt oder schadet es mir, wenn ich aufs Rauchen verzichte? Nutzt oder schadet es anderen meiner Umgebung? Die Antwort setzt notwendige Nüchternheit voraus. Beim Rauchen schnell beantwortet. Wenn der Verstand siegt, der Mensch glücklich, es geschafft zu haben. Gewillt, auch schwierigere Entscheidungen zu treffen. Aber immer gut beraten, momentane Wut oder Eifersucht erst abklingen, vorübergehen zu lassen. Und ernüchtert uns klarmachen, negative Emotionen sind keine Voraussetzungen für kluge Entscheidungen. Im Gegenteil.

Wut und Eifersucht führen oft zu Gewalttaten. Neueste Erkenntnisse der Gehirn-Forschung erklären, was uns treibt: Ein nur wenige Millimeter kleiner Nervenknoten im Zwischenhirn von Männern und männlichen Säugetieren entscheidet über deren Verhalten im Umgang mit ihresgleichen. Dieses winzige Nervengebilde, wissenschaftlich «Nucleus Praeopticus Medialis» genannt, löst bei ihnen Dominanz, Aggression und Sexualität aus. Eine Art Naturgesetz, die Art zu erhalten. Bei Frauen in unterschiedlichen Nervenbahnen angelegt und eher beherrschbar. Männer mit dieser Kombination geschlagen, könnte man meinen. Der Gott der Bibel scheint gewollt zu haben, dass

Männer fortlaufend neue Menschen zeugen. Die von ihm erschaffene Erde zu bevölkern. Oder ist der männliche Trieb eine Zwangsfolge evolutionärer Entwicklung? Darwin interpretierte ihn als Ausdruck der Stärke. Nur das oder der stärkere setze sich durch. Was immer Plan oder Ursache gewesen sein mag, wir haben es als Tatsache zu akzeptieren.

Psychologen erkennen eine Chance bei Männern, sich gegen die zugebenermaßen starken Triebe zu entscheiden. Wird ihnen klar, dass anderes wichtiger ist und sich ihm voll und ganz widmen. Auch Sie als Leser*innen dieses Buches wissen jetzt, was Männer treibt und damit anderen Schaden zufügen könnte. Sich für das Gute entscheiden und diese Triebe unterdrücken. Lernen, sie zu beherrschen. Sich immer wieder ins Gedächtnis rufen: Das Gute ist als Option auch in mir angelegt wie das Böse.

Der antike Philosoph Aristoteles beschrieb es so: Das Gute sei kein Zustand, in dem Menschen sich befinden. Ebenso wenig das Böse. Sondern das Ziel. Menschen werden von Emotionen oder Gedanken getrieben, gut oder böse sein. Unsere moralische Pflicht sei es, das Gute, das alle kennen, anzustreben.

Geduld zu bewahren, auch wenn es nur erste Annäherungsversuche sind. Wichtig sei, das Gute als erstrebenswert nicht aus den Augen zu verlieren. Auch wenn es schwierig scheint, den Mut behalten. Nichts befriedigt letztendlich mehr, als Gutes getan zu haben. Kreativer Teil einer besseren Gesellschaft zu sein.

Nachweislich ist ein paradiesischer Zustand noch nicht realisiert. Der Mensch scheint sich selbst im Weg zu stehen. Vertretern von Religionen bleibt nur zu predigen: Bessert euch? Staaten, in Gesetzen festzuschreiben, dass Leben und Würde des Menschen unantastbar sind. Ebenso die Freiheit, ungestraft seine Meinung zu äußern. Wer dagegen verstößt, muss mit angemessener Strafe rechnen.

Jetzt sind wir wieder da, wo wir angefangen haben, über Gewalt und ihre Auswirkungen nachzudenken. Über Veranlagungen und Einflüsse von außen, die zu Anwendung von Gewalt motivieren. Tatbestände seit es Menschen gibt. Und scheinbar unvermeidbar.

Jedoch aus eigener Erfahrung und Recherchen zu diesem Buch entdeckte ich zu meiner Freude, es gibt das Gute noch. Auf nahezu allen Gebieten Menschen, die positiv denken und sich für das

Gute engagieren. Junge und alte, Experten in ihrem Fach und solche, die es aus tiefster Überzeugung tun. Von solchen Menschen soll in den nächsten Kapiteln die Rede sein, damit auch der eine oder andere Zweifler vom Guten in Menschen überzeugt wird.

Lassen Sie mich mit Goethes Faust beginnen. Im ersten Teil des Dramas erleben wir den Helden der Tragödie als zweifelnden Grübler, der sich das Leben nehmen will. Einen Pakt mit dem Teufel schließt. Ein unschuldiges Mädchen verführt und mit dem Kind sitzen lässt. Ein Lotterleben führt. Im zweiten Teil will er die Welt kennenlernen. Getrieben vom Wunsch, das ideale Menschenbild zu finden. Von Mephisto dahin geführt, wo Gewalt herrscht, Macht missbraucht wird. Schönheit und Liebe locken. In der Walpurgisnacht den Eros gefeiert. Faust gewinnt stets neue Einsichten. Verfällt aber ebenso häufig neuen Verlockungen Mephistos. Drängt «Philemon und Baucis», ein altes Ehepaar, aus ihrem Haus, um selber dort zu wohnen und den lang ersehnten Frieden zu finden.

Drei Engel zum Schluss verkünden des Ewigen Urteil: *„Wer ständig sich bemüht, den können wir erlösen."*

Ob Goethe den antiken Philosophen Aristoteles gekannt, weiß ich nicht. Aber antike Mythologien waren ihm sehr vertraut. Im zweiten Teil seines «Faust» variiert fast ausschließlich Szenen aus den «Metamorphosen» des römischen Dichters «Ovid». Deren Thema: Die Verwandlungen des Menschen.

Vor aktuellen Beispielen noch zwei aus der Nazizeit. Sie beweisen, dass auch in diesen Jahren brutaler Diktatur Menschen den Mut hatten, sogenannten Volksfeinden zu helfen. Auch wenn es höchst riskant war. Franz Lederer, Sohn eines Landwirtes in Bayern, rettete 1945 fünf Juden das Leben. Aushilfsarbeiter auf dem elterlichen Hof. Als er erfuhr, SS-Soldaten näherten sich, versteckte er sie rasch im Dachstuhl einer Kapelle. Brachte ihnen nach Einbruch der Dunkelheit Essen, Wasser zum Trinken und Waschen. Stets in Gefahr, entdeckt, verhaftet oder gleich erschossen zu werden.

Als ein paar Tage später die ersten Russen gesichtet, besorgte er Jagd-Gewehre aus der Vorratskammer und gab sie den Juden. Die Russen überzeugt, es sind Partisanen, verteilten Wodga-Flaschen und prosteten sich lachend zu: „Nastrowje".

Ein Mühlen-Besitzer in Niederösterreich beschäftigte 23 ungarische Flüchtlinge. Immer in Gefahr, von Nazis entdeckt zu werden. Anna, Tochter des Müllers hatte eine Idee. Grub mit ihrer Schwester im dunklen Wald ein tiefes Loch. Errichteten aus Baumstämmen und Strohmatten eine Art unterirdischen Bunker. Deckten ihn sorgfältig mit Waldboden ab, sodass Vorbeigehenden nichts auffiel. Als sich eine SS Einheit dem Dorf näherte, versteckten sie die Flüchtlinge dort. Bald war der Krieg zu Ende und sie konnten heimkehren. Präsident Miklós Horthy, von den Nazis als Reichsverweser eingesetzt, gestürzt. Der Ungarische Staat bedankte sich 1946 bei den Schwestern mit dem höchsten «St. Stefans-Orden».

«Nirit Sommerfeld», ein Name, den man sich merken sollte. Enkelin einer Frau, die im KZ Auschwitz von den Nazis umgebracht wurde. Mit ihren Eltern, dem Grauen entkommen, flohen nach Israel. Dort wuchs Nirit auf, besuchte die Schule, studierte Journalismus. Erkannte den Konflikt zwischen Israeliten und Palästinensern schon früh und protestierte. Im eigenen Land bald nicht mehr geduldet, floh sie nach Deutschland. Hier ist ihre Basis, für Palästinenser zu kämpfen. Ihren Anspruch auf ein menschenwürdiges Leben in einem eigenen Staat Palästina zu unterstützen. Israel auffordert, seine Politik zu ändern. Palästinenser als freie Menschen zu akzeptieren. Und nicht als Gefangene ihrer Willkür.

Nirit Sommerfeld agiert nicht polemisch, sondern mit Fakten und überzeugenden Argumenten. Hält Vorträge in vielen Großstädten, die neusten Ereignisse im Fokus. Lockert das nüchterne Thema hin und wieder auf. Spielt Gitarre und singt alte jüdische Lieder. Sympathie für das Volk Israel zu wecken. Immer wieder diskutiert mit Journalisten, Politikern und Wissenschaftlern. Richtet in Social Media Kanälen jede Woche eine Botschaft an Brieffreunde in aller Welt. Jedes Mal ein Aufruf, Gerechtigkeit zu üben. Israel muss die Besiedlung palästinensischer Gebiete stoppen. Palästinensern erlauben, sich da anzusiedeln, wo sie seit 600 Jahren leben. Sich da bewegen, einkaufen, Konzerte besuchen, wo auch Israeli verkehren. Es muss doch möglich sein, dass Juden und Araber vernünftig miteinander umgehen. Denn beider Vorfahr ist «Abraham». Laut Altem Testament Urvater vieler Völker.

Ihre Kritik an Netanyahu und seiner Regierung wird vorwiegend in Deutschland als Antisemitismus missverstanden. Bereits angemeldete und genehmigte Vorträge in München und anderen

Großstädten aus diesem Grund abgesagt. Unbeeindruckt von Niederlagen kämpft sie weiter für das Recht jedes Einzelnen, ein menschenwürdiges Leben zu führen. Das vom kamerunischen Politologen «Achille Mbembe» gegründete Portal für kritischen Journalismus «Die Freiheitsliebe» verbreitet Sommerfelds stets aktuelle Berichte. Nicht nur aus dem sogenannten Heiligen Land. Aus allen Ländern, in denen Menschen Unrecht geschieht. Auf Sozialen Netzwerken millionenfach verbreitet. Es wird vor allem Jüngere veranlassen, nachzudenken.

Der erst 18jährigen Schwedin «Greta Thunberg» ist es gelungen, auf dem «World-Economic-Forum» in Davos aufzutreten. Wo sie Spitzenvertretern von Politik und Wirtschaft ins Gewissen redet, mehr Engagement in Sachen Klimaänderung verlangte.

Im schwer zugänglichen Gebirge Nordgriechenlands ein Berg namens Ossa. In einer Schucht die Ruinen eines Klosters aus dem 16. Jahrhundert. Anfang 2000 entdeckten es vier christlich-orthodoxe Nonnen auf einer Kletterpartie. Sofort motiviert, das ehemalige Kloster wieder aufzubauen. Und ihre Vorstellung von einem Leben in Einklang mit Natur und Schöpfung zu realisieren. Es sprach sich herum und bald fanden sie Gleichgesinnte.

Alle entschlossen, Hektik und Lärm der Städte hinter sich zu lassen. Um in der Stille eines Klosters den Sinn des Lebens zu finden. Umgeben von ungestörter Natur. Begeistert von der Idee, hier sich werdendem Leben widmen zu können. Es zu schützen und zu bewahren. Auf Feldern säen und ernten. Im Stall Hühner halten, Küken aufziehen. Eier, Milch von Kühen und Ziegen, aus Molke Käse werden lassen. Brot aus selbst gemahlenen Körnern backen. Das machte sie unabhängig von Lieferungen Fremder. Was übrig bleibt, verkaufen sie, um Handwerker, Baumaterial und die Ausstattung von Kloster und Kapelle bezahlen zu können.

Es dauerte Jahre, bis sie mit eigener Hände Arbeit die Kapelle aufgebaut. Das Haus für sie selber und Ställe für Ziegen, Hühner und Kühe. Auf elektrischen Strom verzichteten sie. Feuer in Öfen und Kerzen spendeten Wärme und Helligkeit genug. So anders ihre Arbeitsmoral. Nicht vorgeschrieben, sondern Impulsen folgend: Jede hilft der anderen, zu lernen, was sie schon beherrscht. Aus Steinen Mauern errichten, Risse verputzen. Türen einsetzen, Fenster verglasen. Regenwasser vom Dach in die Tonne leiten, damit es nicht nutzlos im Boden versickert. Gras mähen, Kühe melken, aus Milch

Käse werden lassen. Brot backen, Suppen kochen, achtsam sein und dankbar für jede neue Erkenntnis.

Mittlerweile sind 30 Hektar ihres Grundstücks bepflanzt. Kühe, Ziegen, Hühner und ein Hahn die wirtschaftliche Basis. Versorgen sich selbst und verkaufen, was übrig, in umliegenden Dörfern. Jede der mittlerweile 20 Nonnen und eine Novizin aus Kanada glücklich, Teil dieser Gemeinschaft zu sein. Aus 13 Ländern gekommen und gelernt, einander auf Englisch gut zu verstehen. Seltene Besucher zu informieren. Die merken es sofort. Es spricht sich herum. Immer mehr kommen, um dieses kleine Paradies zu sehen. Den Idealzustand der Welt als Mikrokosmos bewundernd zur Kenntnis nehmen. Der eine oder andere vielleicht schon Konsequenzen zieht, sich vornimmt, seine Meinung über Nonnen, das eigene Leben zu revidieren.

Die Äbtissin gibt Orientierung und Hilfe, verlangt keine Unterordnung. Alle lernen täglich Neues, nicht nur Novizinnen. Züchten Kräuter, wenn sie erfahren, dass mit ihren Extrakten Wunden schneller heilen als mit dem Medikament aus einer Fabrik. Verdauung wieder funktioniert, der Magen sich beruhigt. Nachhaltigkeit ist bei ihnen ungeschriebenes Gesetz. Düngen ohne Pestizide. Alles, was auf unserer Erde wächst, sei Gottes Schöpfung. Geschaffen, um uns immer wieder daran zu erinnern:

Geht sorgsam mit ihr um. Nutzt ihren Reichtum an Pflanzen, Früchten und Tieren, auch ärmere und hungernde Menschen glücklich zu machen. Jede Nonne, die in der arte-Dokumentation «Schwestern der Erde» zu Wort kam, strahlte übers ganze Gesicht. Von innen leuchtendes Einverständnis. Mich veranlasste dieses Lächeln, in diesem Buch darauf aufmerksam zu machen, das Gute im Menschen lebt und wirkt. Trotz aller Zweifel. Wenn auch meist unbemerkt von der Weltöffentlichkeit.

In der Taiga Ostsibiriens haben sich mehr als 4000 Menschen angesiedelt. Familien mit Kindern und alleinstehende Männer und Frauen, die hier den Sinn ihres Lebens gefunden haben. Leben in mehreren Dörfern, ernähren sich selber. Treffen sich täglich, um zu beten. Bibeltexte zu besprechen. Jesus Christus nicht nur in ihren Gedanken, auch leibhaftig. Erleben ihn einmal in der Woche auf dem Sonnenhügel. Wo er ihnen erscheint, zu ihnen spricht. Sie ermahnt, Gottes Wort zu folgen. Sie sind fasziniert von diesem Mann, der so viel Liebe ausstrahle wie nur Christus es könne. Selbst der

Pope, der sonntags kommt, den Gottesdienst zu feiern, fällt vor ihm auf die Knie und verharrt einige Minuten schweigend.

Gründer und Zentralfigur dieser Gemeinde ist «Sergei Tropos», ein ehemaliger Polizist. Nennt sich «Missarion», russisch: der aus dem Wald kommende. 1991, nach dem Zusammenbruch der Sowjetunion, hatte er nach eigenen Aussagen das entscheidende Erweckungserlebnis. Jesus Christus sei in ihm wiedergeboren. Fühle sich dazu berufen, dem Luxus verfallene in anspruchslose Menschen zu wandeln. Mächtige in bescheidene. Hasserfüllte in gütige. Predigt, auf alles Gewohnte zu verzichten. Mit anderen zu teilen, was man hat. Friedlich miteinander umgehen, die Natur als Gottes Schöpfung zu betrachten, nutzen aber nicht ausbeuten. Nennt diese Idee «Kirche des letzten Testaments». Das Alte und Neue seien nicht mehr zeitgemäß.

Russen vor allem folgten ihm. Das bisherige System zerfallen und mit ihr die gesellschaftliche Grundordnung. Viele jetzt auf der Suche nach einer sinnvollen Gemeinschaft. Aber nicht nur Russen, auch zwei Dutzend Deutsche sind Mitglieder dieser Gemeinde. Er gewann sie auf seinen Reisen durch Europa, für seine Kirche zu werben. Unter ihnen ein Computer-Experte und ein Unternehmer. Sie bestätigen, glücklich zu sein wie nie vorher, dieser Tropos habe ihnen die Augen geöffnet. In der Gemeinschaft Gleichgesinnter zu leben bedeutet, ein besserer Mensch zu werden. Pilgern mit allen anderen am Wochenende auf den Sonnenhügel, die Lichtgestalt zu sehen. Seinen Worten zu lauschen. Von ihm geliebt zu werden wie von keinem bisher.

Andererseits verlangt er von ihnen, auf jede Art von Luxus zu verzichten. Nur das nötigste Gerät im Haus. Selbst angefertigte Kleidung. Selbst angebautes Obst und Gemüse. Neu Angekommene müssen in drei Jahren beweisen, dass sie bessere Menschen geworden sind. Wert, in die «Einige Familie» aufgenommen werden. So nennen sich die Dorfbewohner. Zehn Jahre, bevor 2001 «Einiges Russland» gegründet wurde. Größte und einflussreichste Partei des Landes. Wer mit einer Arbeit Geld verdient, darf nur 10% behalten. Je 30% für die Ausstattung der Kapelle, Versorgung mit Wasser und elektrischem Strom und den Ausbau der Infrastruktur.

Jeder mag sich ein Urteil über diese Ökologisch-Spirituelle Lehre bilden. Dem Einzelnen hilft es sicher, auch der Gemeinschaft. Aber folgen sie nicht einem, der nie Jesus Christus sein kann, sich aber gottgleich fühlt. Wie Josif W. Stalin oder Nikita Chruschtschow. Bis man Wissarion in einem Militär-Hubschrauber in ein Gefängnis nach Novosibirsk brachte. Angeklagt, eine illegale Organisation gegründet zu haben. Geld von ihren Mitgliedern erpresst. Ihnen sogar Gewalt angetan habe. Manche vermuten, die Orthodoxe Kirche habe dahinter gestanden, einen unliebsamen Kultführer loszuwerden. Andere behaupten, auf dem Gelände seien Goldadern. Da stört so einer, der behauptet Jesus zu sein.

Ganz und gar nicht loswerden wollte die Römisch-Katholische Kirche einen ihrer Prediger. Der beweist, dass es auch anders geht. Einer Kirche, der immer mehr den Rücken kehren. Weil sie die Zeichen dieser Zeit nicht ernst zu nehmen scheint. Priester sich nicht vorbildlich verhalten. Im Gegenteil. Päderasten schädigten den Ruf der Kirche nachhaltig. Die Zahl der Austritte nimmt stetig zu. Natürlich sind die an der Spitze dieser Kirche Menschen, keine Heilige. Männer zudem, wie alle Männer vom «Nucleus Praeopticus Medialis» im Zwischenhirn motiviert, dominant, aggressiv und sexuell aktiv zu sein. Aber einen Eid geschworen, ihr Leben lang keusch zu bleiben. In aller Bescheidenheit dem seelischen Wohl der Menschen zu dienen.

Es soll hier nicht an Papst Alexander VI. erinnert werden, der acht Kinder zeugte und andere Kirchenfürsten, die ihre Libido auslebten, nur eines vorab: Jeder Mann weiß, wenn er will, kann er sexuelle Gelüste relativieren, manchmal auch völlig verdrängen. Dann nämlich, wenn er sich Aufgaben widmet, die seinen letzten Einsatz fordern. An die Spitze eines Unternehmens zu kommen oder einfach nur Gutes zu tun.

Michael Irmer einer von ihnen, Priester geworden aus Überzeugung. Ließ sich von seinem Bischof in die äußerste Tschechei versetzen. Dahin, wo der Bolschewismus nach dem Krieg tiefe Spuren hinterlassen. Die meisten Bewohner verstreuter Dörfer Atheisten, wenige Katholiken. Nur auf sich selbst und Erinnerungen an früher angewiesen. Kirchengebäude verfallen, Friedhöfe überwuchert von wildem Gestrüpp. Eine fremde Sprache, die er nicht verstand. Aber gewillt, sie dort im Gespräch mit den Leuten zu lernen. Irmer überzeugt, Menschen für den Glauben zurück zu gewinnen, wenn er ihre Bedürfnisse kennenlerne und sie befriedige. Zwingen will er niemanden. Auch nicht überreden. Sie sollen aus freiem Willen wieder seine Gottesdienste besuchen.

Geht von Haus zu Haus und lädt Männer und Frauen ein, gemeinsam bei einem Bier seine Ankunft zu feiern. Kauft ein Fass der dort beliebtesten Marke «PHILIPP». Und siehe da, sie kamen, tranken, redeten und lernten sich kennen. Einander zu schätzen. Nicht lange, und sie nannten ihn Philipp. «Philipp Irmer».

Gibt es einen überzeugenderen Leistungsbeweis für die Arbeit eines Priesters?

Nicht lange, und der Bürgermeister sein Freund.

Der Kultusminister geneigt, den Wiederaufbau der Kirchen mit zu finanzieren. Auch sein Bischof in Deutschland überweist regelmäßig einen Betrag. Damit er leben und im Auto die sieben verstreut liegenden Gemeinden ohne Priester besuchen kann. Die Messe dort mit den Wenigen feiern, die der Kirche treu geblieben. Unerschütterlich in seinem Glauben. Das Gleichnis vom Senfkorn wird auch hier Wirklichkeit. Aus einem winzigen Korn ein großer Baum. Die Kirchen wieder voll wie früher. Nicht ausgeschlossen, dass es mit einem solchen Mann gelingt.

In Afrika landet jährlich etwa ein Drittel der Secondhand-Kleider aus aller Welt. Im Wert von fünf Millionen Euro. Nicht wenige verdienen am

Geschäft mit billiger Ware. In Hézranavoé, Togos Hauptstadt findet der wichtigste Markt für gebrauchte Kleider aus aller Welt statt. Der französische, aus Afrika stammende Mode-Designer «Amah Ayivi» zieht die richtigen Konsequenzen aus dieser Tatsache. Führt die sinnlose Verschwendung von Kleidern ad Absurdum.

Kauft dort ausgewählte Stücke. Lässt sie reinigen, und bietet sie in seinen Modeläden in Paris, Bordeaux und Marsseile erneut zum Kauf an. Sein Argument überzeugt: Von Europäern aussortierte Kleider umrunden den halben Erdball. In Indien, China oder Bangladesch hergestellt. In Europa getragen und erneut zum Kauf angeboten. Zu einem Bruchteil des Neuwertes und damit erschwinglich. Auch für ärmere Bevölkerungsschichten. Afrikanische Schnitte, Farben und Muster sind attraktiv. Locken immer mehr Leute an, sie zu kaufen, Frauen und Männer.

In Afrika springen mittlerweile andere Anbieter von Secondhand-Kleidern auf den Trend und sind erfolgreich. Sprechen sogar von einer «win – win - Situation». Erstmalig hätten Afrikaner Anteil an einem boomenden Geschäft. Auch in Deutschland erkannten clevere Kaufleute, dass mit gebrauchten Kleidern lukrative Geschäfte gemacht werden können. Auch, wenn es derzeit wegen der Pandemie langsamer geht, der Trend wird bleiben. Menschen kaufen nicht nur des niedrigeren Preises wegen. Oder weil es ihnen gefällt. Sondern auch, weil sie eingesehen haben, dass Wiederverwendung der Umwelt nützt. Menschen in ärmeren Ländern hilft, über die Runden zu kommen. Die Auswahl ist groß, die Versuchung, es einmal auszuprobieren. Gutes zu tun, auch wenn sie niemand dafür lobt.

Ebenso unbemerkt von der Öffentlichkeit geschehen regelrechte Wunder. Menschen, die es gewohnt sind, zu kontrollieren, plötzlich wie umgedreht. Zum Beispiel Hausverwalter. Bisher Wohnungsmieter gemahnt, wenn Lärm nach 22:00 Uhr einen Nachbarn stört. Schmutzige Schuhe vor der Wohnungstür abgestellt. Die Miete nicht oder zu spät gezahlt wird. Nicht wenige von ihnen nörgeln unentwegt. «Bête Noire» nennt man sie in Paris, Schreckgespenst. Im von Corona geschockten Madrid erweist sich Louis M., Haus-Verwalter von 125 Wohnungen in der Corona-Krise als rettender Engel für betagte Mieter.

Ruft über Sechzigjährige in seinem Wohnkomplex jeden Morgen und Abend an. Fragt nach ihrem Befinden. Ob sie etwas brauchten. Wenn ja, schickt er einen, es zu besorgen. Brot, Aufschnitt,

Gemüse, Obst. Ein anderes Menue vom Home-Service. Bargeld, Rezept beim Arzt für ein Medikament. In Notfällen organisiert er den Transport in die Klinik. „Nur Menschen können Menschen sofort helfen, kein Amt, keine Organisation", als man ihn fragte. „Medien machten alles noch schlimmer, die Angst größer".

New York, das Epizentrum der Pandemie in den USA mit über 20.000 Einwohnern pro Quadrat-Kilometer. Governor «Andrew Cuomo» schickt täglich ein Briefing an alle Bewohner der Stadt. Findet die richtigen Worte und macht Mut. Als er um Mitarbeit bat, meldeten sich innert zwei Tagen 1300 Freiwillige. Bereit, ohne Lohn überall da zu helfen, wo Personal fehlt oder überfordert ist.

In Frankreich setzt die Regierung TGVs ein. Hochgeschwindigkeitszüge, um Schwerkranke gratis in Städte zu bringen, in denen Spitäler noch über freie Kapazitäten auf Intensiv-Stationen verfügen.

Auch in Deutschland wächst die Hilfsbereitschaft. Schüler und Schülerinnen schulfrei, zuhause alles gelernt, hatten eine Idee: Pickten an Baumstämme oder Türrahmen einen Zettel. Auf dem steht:

Liebe Oma, lieber Opa, habe jetzt schulfrei und kaufe gerne für sich ein. Meine Telefonnummer: 4637720.
    Dein Philipp.

Nicht zu vergessen: Abertausende von Ärzten, Krankenschwestern und Hilfspersonal in Krankenhäusern und Praxen weltweit. Versuchen unter Einsatz des eigenen Lebens, möglichst alle an Covid 19 Erkrankten am Leben zu halten.

Ganz sicher entscheiden sich viele überall auf der Welt für das Gute. Wer die Aufmacher der Titelseiten von Zeitungen ignoriert, entdeckt in unscheinbaren Notizen die gute Seite des Menschen. Klein gedruckt und ohne Foto. Als wäre es nebensächlich. Überall in der Welt misst man gesellschaftlichen Fortschritt mit dem BIP, «Brutto-Inlands-Produkt». Dem Geldwert produzierter und gekaufter Güter. Als müsste man nur Geld besitzen, um fortschrittlich zu sein. Bildung und Wohlbefinden sind mindestens ebenso wichtig.
    Im Buddhistischen Königreich «Bhutan» mit über 100 Ethnien misst man den gesellschaftlichen Fortschritt mit dem «Bruttonationalglück». In Sachen Corona-Bekämpfung impfte sich Bhutan an die Weltspitze. Um sich die notwendigen Dosen Vakzine zu sichern, spielte Regierungs-

chef «Tschering» China und Indien gegeneinander aus. Erreichte, das Delhi die geforderte Menge lieferte. Kannte aber die aus buddhistischer Weltsicht beeinflusste Stimmung gegen Impfen generell. Förderte die Impfbereitschaft, indem er Zweifel ausräumte. Briefe persönlich beantwortete und eine Armee von Freiwilligen mobilisierte. In 1200 Impf-Zentren sind alle 244 Ärzte des Landes aktiv.

König «Jigma Khesar Namgyel Wangchuk», beliebt beim Volk, konnte auch Skeptiker dazu bewegen, sich impfen zu lassen. Äußerte, er selber ließe sich erst impfen, wenn der letzte seines Volkes geimpft sei. Von 5.400.000 Menschen 941 infiziert und nur einer an den Folgen der Corona-Infektion gestorben. Angehörige beten, er möge die letzte Stufe der Erkenntnis erreicht haben. Im Nirwana angekommen. Denn er war ein guter Mensch.

Nicht, dass der Eindruck entsteht, nur Männer retteten die Welt. Ursula Cednicek, alleinstehende Endfünfzigerin aus Bonn immer schon aktiv, wo es nottut. 2015 am Strand von Lesbos schlendernd, landeten unzählige Schlauchboote am flachen Gestade. An Bord dicht gedrängt Flüchtlinge. Nach stürmischen Tagen auf See die Angst noch in den Gesichtern. Spontan beschloss sie, ihnen zu helfen.

Erkannte, was sie am nötigsten brauchten nach solchen Strapazen. Besorgte Lebensmittel, Decken und Kleider. Gründete einen Hilfsverein mit Urlaubern und Einheimischen. Eine Begegnungsstätte für Einheimische und Flüchtlinge. Sich kennenzulernen, einander zu helfen.

Der verheerende Brand in Moria auf Lesbos 2020 zerstörte fast alles. Auch jetzt wieder traf Ursula Cednicek die richtige Entscheidung. Wusste, allein schaffe ich es nicht. Gewann Freunde auf der Insel und auch in Deutschland, die sich sofort bereit erklärten, mit Geld-Spenden und Gebrauchsgut zu helfen. Einige auch selber kamen. Es zeichnet Ursula aus, dass sie jeden einzelnen Menschen im Blick hat. Nicht als anonyme Masse betrachtet, wie Politiker aller Couleur. Sorgt auch für angemessene Bestattung Verstorbener. Für die sie sich um einen der Flüchtlinge bemüht, der am Grab in der Sprache der Angehörigen die richtigen Worte findet.

Das letzte Wort, an Hinterbliebene gerichtet, sagt viel über den Toten und seine Beziehung zu Familie und Freundeskreis. In Kalabrien an der äußersten Stiefelspitze Italiens, macht man einen Unterschied. Ist es ein Familienmitglied oder ein Freund, ist man des Lobes voll. Gemäß dem lateinischen

Spruch: «*de mortuis nihil nisi bene*» Über Tote rede man nur Gutes.

Ist es ein Mafiaboss oder einer seiner Familie, geht man nicht zu seiner Beerdigung. Schweigt oder schimpft, bejammert das eigene Schicksal. Von ihm gezwungen zu schmuggeln, um überhaupt leben zu können. Oder einer, der in dessen Auftrag einen Freund erschossen. Der Kontrast von Gut und Böse hier so deutlich wie in keinem der vorhergehenden Berichte. Taten von Verbrechern und Vertretern des Rechts deutlich unterscheidbar.

Von letzteren wird nicht nur Mut und Geschick verlangt. Ein hohes Risiko für jeden, der Mafiosi auf der Spur ist. Unvergessen das Jahr 1992, als die Mafia «Giovanni Falcone», den leitenden sizilianischen Untersuchungsrichter, auf der Fahrt in sein Ferienhaus mit Frau, den Fahrer und drei Leibwächtern tötete. Der Sprengsatz im Drainagerohr unter der Fahrbahn von einem Mafiosi ausgelöst, als sein Auto es überfuhr.

Auch der Mafia in Kalabrien sind Menschenleben nichts wert. Hunderte Familien zu Lebzeiten dranglasiert, erpresst und gezwungen, gesetzeswidrig zu handeln und ihr Leben zu riskieren. Ihre Bosse gefürchtet und über ihren Tod hinaus gehasst.

«Mancuso», der letzte noch mächtige Mafiosi steht vor Gericht. Nach 30 Jahren Chef der «'Ndrangheta», einer Mafia-Organisation in Kalabrien. Ebenso seine Helfer und Helfershelfer aus Politik und Verwaltung. Insgesamt ca. 350 Täter. Staat und Bevölkerung in Kalabrien verdanken es dem Staatsanwalt «Nicola Gratteri».

Seinem Gerechtigkeitssinn und jahrzehntelanger, harter Arbeit. Sein Leben riskiert, Verbrecher zu entlarven, anzuklagen, damit ihnen der Prozess gemacht wird. Konnte 600 Anwälte, 900 Zeugen und 60 Kronzeugen gewinnen. Im größten Mafia-Prozess der letzten 30 Jahre zu obsiegen. Einer der Kronzeugen Mancusos Sohn. Den sein Vater schon als Vierjährigen zwang, mit Revolver, Gewehren und Maschinenpistolen zu schießen, Ziele zu treffen. Er sollte, wie er selbst, ein perfekter Killer werden.

Erwachsen geworden erkannte der Filius, sein Vater ist ein ruchloser Verbrecher. Nachdem er erleben musste, wie er die Nachbarin Maria wegen eines lächerlichen Grenzstreites erschoss. Die Leiche in Stücke schneiden und den Schweinen zum Fraß vorwerfen ließ. Spuren zu beseitigen. Jetzt müssen ihn Leibwächter begleiten, wie auch den Staatsanwalt. Weitere Zeugen und ihre Familien bekamen neue Namen und Pässe, leben im Norden Italiens. Zu Verhandlungen vor Gericht in gepanzerten Fahrzeugen nach Catanzaro gebracht.

Die Aussicht, Mancuso und seine Handlanger mit langen Freiheitsstrafen aus dem Verkehr zu ziehen, stimmt hoffnungsvoll. Nach Jahrzehnten Angst und hilfloser Wut. In denen Familien miterlebt, wie ihre Männer und Söhne von Geschäftsinhabern Schutzgelder erpressen, das Risiko in Kauf nehmen mussten, erwischt und verurteilt zu werden. Oder den Job verloren, waren sie nicht erfolgreich. Gratteris Recherchen ergaben, die Clan-Familie verdiente mit Schmuggel von Kokain und Waffen, Geldwäsche, Erpressung und Mord 53 Milliarden Euro. Sogar während der Pandemie beim Geschäft mit Desinfektionsmitteln mitgemischt. Bosse bekommen Gehälter wie Spitzenmanager. Bis zu 15.000 Euro/mtl. plus Erfolgsprämie. Die Masse derer, die für sie Freiheit und Leben riskieren, nur um die 2000 Euro. Mit denen sich ihre Familien gerade noch das Nötigste leisten können.

Wird einer neu engagiert, muss er sich mit der Nadel in den Finger stechen, bis Blut auf ein Heiligen-Bildchen tropft. Und anschließend verbrannt. Dabei ewige Treue schwören. Folgt er nicht, wird er verbrannt wie dieses Bildchen mit der Mutter Maria. Nichts ist so eng verbunden wie Kirche und

Mafia. Priester und Mönche sprechen Mafiosi im Beichtstuhl von ihren Sünden frei. Die Diskussion divers bis heute.

Die Folgen ihrer Verbrechen aber werden noch lange spürbar sein. Frauen mit Kindern allein, der Ernährer im Knast oder tot. Verdächtige Angehörige umgebracht. Andere haben inzwischen neue Methoden des Geldgewinns realisiert. Die nicht illegal sind, kein Blut vergießen. Die Söhne ehemaliger Mafiabosse betreiben gewinnbringende Geschäfte oder studieren. Um in Regierung, Banken oder Großunternehmen leitende Positionen und damit Einfluss zu bekommen. Netzwerke installiert, um Aufträge vom Staat und allen Firmen zu erhalten, die hohe Gewinne versprechen. Kokain und Waffen werden weiter verkauft. Denn überall aber auf der Welt ist Bedarf. Erfolglose oder Benachteiligte wollen per Joint den Himmel auf Erden erleben.

Andere mit Waffengewalt Macht, Geld und Einfluss erzwingen. Die halbe Welt bevorzugt italienische Tomaten und die ehrenwerte Gesellschaft liefert sie. Weil ihnen die größten Erzeugerbetriebe gehören. Jetzt auch neueste Datentechniken eingesetzt. Dateien zu knacken. Die Versuchung ist groß, nachzugeben, dem großen Geld zu folgen.

Ob Menschen ihr widerstehen können? Erfolgreich eingreifen wie Staatsanwalt Gratteri?

Es könnte sich einiges ändern. Denn Frauen, bisher nur Leidtragende, werden aktiv. Schließen sich zusammen und protestieren. Gewähren ihren Ehemännern oder Freunden nur Liebesdienste, wenn sie der Mafia abschwören. Wissen aus eigener Erfahrung, Männer sind Machos und könnten alles. Nur nicht auf Frauen verzichten.

Korruption und Willkür der Mächtigen in Tunesien veranlassen Jugendliche, radikale Islamisten zu werden. Schon mit der geringsten Menge Marihuana von der Polizei erwischt, wandern sie für Jahre in den Knast. Danach finden sie keinen Job, gesellschaftlich diskriminiert. Der I. S. scheint ihnen die Chance zu bieten, ein friedliches, gottesfürchtiges Leben zu führen. Bis es zu spät ist. Nur wenige erkennen, der I. S. ist nichts anderes als eine Terror-Organisation.

Mittlerweile erkennen immer mehr dieser Jungen, auf der falschen Seite zu stehen. Verlassen die Camps bei günstiger Gelegenheit und fliehen nach Europa. Oder versuchen in Tunis Arbeit zu bekommen. Ihr Hauptanliegen aber ist, andere Jugendliche vor dem I. S. zu warnen. Erzählen ihnen, was sie im Camp gelernt und in Aktionen ausführen mussten. Wer sich weigerte, wurde gefoltert oder eine ihm nahestehende Person getötet. Neuesten Meldungen zufolge treffen sich Jugendliche und machen sich Mut. Fliehen nicht, sondern helfen einander, Arbeit zu finden, Schule oder Ausbildung abzuschließen. Namen nicht genannt, es könnte sie gefährden. Aber das Gute in ihnen lebt.

Ganz anders in der zunehmenden Cyber-Kriminalität. Auch dahinter steckt nichts anderes, als auf illegale Weise Geld zu scheffeln. Wie bei der Mafia in vielen Ländern Europas und den USA. Um «Cybercrime» erfolgreich bekämpfen zu können, braucht es «K.I.», hoch entwickelte künstliche Intelligenz. Experten großer Computerfirmen weltweit gründeten das «Cognitive Security Operation Center». Entwickelten so etwas wie einen Megacomputer, um die rasant zunehmende, bisher nicht erfassbare Datenmenge bearbeiten zu können. Hacker und gefährliche Service-Anbieter aufzuspüren und zu neutralisieren.

Seit längerem bereits verschaffen sich Hacker Zugang zu Bankkonten, heben hohe Summen ab. Hacken Krankendateien, um sie Interessenten zu verkaufen. Bis zu 50 Euro pro Patienten-Datei. In den USA stehen Millionen dieser Dateien zum Verkauf. Gekauft auch wieder nur aus pekuniären Gründen.

Cybercrime legt Flugverkehre lahm, die Gesellschaften verunsichert, erpressbar gemacht. Locken Internet-User mit Online-Angeboten. Neugierig gewordene geben Namen und Bankkonto ein. Dann aber wird nichts oder nur Läppisches geliefert, aber viel Geld vom Konto der Besteller abgehoben. Den eigenen Firmeneintrag online ständig gewechselt, sodass Strafverfolgungen äußerst schwierig sind.

Cybercrime gelang es auch schon, die Kontrolle über militärische Einsätze zu gewinnen. Staaten mit Lösegeldern zu erpressen. Daten anonymisiert verführen dazu, sie zu missbrauchen. Zu Lasten anderer immer reicher zu werden.

Das «Cognitive Security Operation Center» operiert bereits in über 40 Ländern erfolgreich. Neutralisiert noch so raffinierte Tricks, sodass sie keine negativen Auswirkungen haben. Nicht nur Firmen nutzen diese Möglichkeit, zunehmend auch Privatpersonen. Denn Hacker und Cyberkriminelle bleiben nach wie vor bestrebt, Lücken in Sicherheitsnetzen zu finden. Ob intelligentere Systeme sich durchsetzen, ist keine Frage, solange Experten sich moralisch verpflichtet sehen, kriminellen Hackern das Handwerk zu legen.

Künstliche Intelligenz wird nicht nur zur Bekämpfung krimineller Machenschaften eingesetzt. Auch zur Entlastung des Straßenverkehrs, Reduzierung der Belastung mit Stickstoff in Großstädten und zur Verbesserung des Klimas. Ein deutsches Startup- Unternehmen entwickelte den «Volocopter». Luft-Taxi mit Kabine und rotierenden Flügeln wie ein Helicopter. Aber elektrisch angetrieben und ohne Pilot. Eingesetzt, gesteuert und überwacht mit K. I. im Computer-Zentrum. Argumente der Entwickler: Schneller als ein Auto im Straßenverkehr zum Ziel kommen. Keine Luftverschmutzung durch Abgase. Preise für alle erschwinglich. Die Zulassung im Verkehrs-Ministerium läuft.

In Stockholm leisten bereits autonome Elektro-Busse einen positiven Beitrag zur Verbesserung der Luftqualität in der Stadt. Ohne Fahrer, von K. I. gesteuert. An Haltepunkten der Strecke eine Taste drücken und längstens 10 Minuten später steigt man in den Bus. Türen automatisch geöffnet und geschlossen, sobald alle auf ihren Plätzen sitzen. Stationen laufend angezeigt und angehalten. Wer aussteigen will, drückt eine Taste an der Rückseite des Sitzes vor ihm.

In ländlichen Gebieten Ostdeutschlands sind viele Bahnstrecken und Buslinien stillgelegt. Es rentiere sich nicht mehr. Arbeitsfähige in die Stadt gezogen. Zurück blieben Alte und Kranke, vielleicht eine Krankenschwester. Geschäfte leer, Apotheke und Post geschlossen. Güter des täglichen Bedarfs einmal die Woche von Fahrdiensten geliefert.

Auch hier überlegt man, autonome Elektrobusse einzusetzen. Um bereits abgeschriebene Provinzen zu beleben. Und gleichzeitig soziale und ökonomische Probleme kostengünstig lösen. Alte Menschen wieder mobil, die Versorgung verbessert. Gemeinschaft erlebt, wenn Landflüchtige wieder zurückkehren, Ladeninhaber und Ärzte. Auch junge Menschen, die in der Stadt arbeiten, aber im Dorf ihrer Großeltern wohnen und leben möchten.

Naturschützer auf der ganzen Welt beweisen, es kann sich vieles zum Besseren ändern. Zunehmende Verstädterung und Einsatz chemischer Mittel haben die Vielfalt von Pflanzen und Tieren beeinträchtigt. Mancherorts bereits drastisch reduziert. NABU, ein deutscher Verband, hat sich zum Ziel gesetzt, in freier Natur lebende Pflanzen und Tiere zu schützen. Ihre Eigenarten bewahren. Bestände zu sichern oder wieder herzustellen.

Darüber hinaus liest oder hört man immer häufiger von Einzelnen oder Gruppen, die den Erhalt aussterbender Arten als ihre Lebensaufgabe betrachten und handeln. Wissenschaftler gewinnen, sie fachlich zu begleiten. In Rumänien gelang es ihnen, im Donautal die Population von fast ausgestorbenen Kranichen zu vervielfachen. In Mecklenburgs Feuchtgebieten entdeckten Tierfreunde verlassene Biber-Junge. Nahmen sie wie Kinder zu sich. Fütterten, streichelten sie. Den Tierarzt gerufen, hatte sich ihr Liebling verletzt. Nach Monaten dann frei gesetzt und gewusst, ihre Natur ist stark genug, Anschluss an andere Biber zu finden. Inzwischen steht auf ihr Drängen das ganze Gebiet unter Naturschutz. Einschließlich aller Pflanzen und Tiere. Der Bestand an Bibern hat sich bereits verdoppelt.

Der Sizilianer Carlo Amadeo, Imker und Züchter aus Leidenschaft. Stieß eines Tages auf einen kleinen Schwarm sogenannter schwarzer Bienen. Nur auf Sizilien heimisch, galten sie als ausgestorben. Seitdem widmet er sich ihnen. Entschlossen, diese Rasse wieder heimisch zu machen und zu vermehren. Nicht des Geldes wegen manipulieren, um in selektiver Zucht größtmögliche Honigmengen zu erzielen.

Carlo studiert ihre Eigenart, ihr Verhalten, um es zu belassen. Denn er hatte Vorzüge gegenüber anderen Bienenrassen erkannt. Entschlossen, sie zum Nutzen der Bienen selber zu erhalten. Aber auch dem von Honigliebhabern. Nur schwarze Bienen sind resistent gegen schädliche Milben. Halten mehr Stress aus und produzieren eifrig Nachwuchs und den besten Honig, den es gibt. Eine steigende Nachfrage bestätigt, die Gesellschaft hat begriffen, Erhalten ist besser als Verschwenden.

In vielen Gegenden der Welt entdeckte man, dass verwilderte Pflanzen nicht nur gut schmecken, auch einen hohen Nährwert besitzen. Bauten sie gezielt an, und verkauften sie. Als geschmackliche Variante zunehmend nachgefragt. Andere entdeckten auf vergilbten Rezepten vergessene Methoden der Käse-Herstellung Der so gewonnene Käse von anderer Konsistenz und anderem Geschmack. Zusehens begehrt als Alternative zu den bekannten Sorten.

In der Provence ernten Winzer ihre Reben in der Nacht, wenn der Mond sich gerundet. Nur so bliebe der typische Charakter von Boden und Rebe beim Keltern später erhalten. Reintönig, vollmundig und aromatisch. Andere Winzer nutzen ihre besondere Lage, um alte, widerstandsfähigere Weine anzubauen. Mixen nicht, wie üblich, verschiedene Rebsorten zu beliebten Cuvée-Weinen. Sondern bieten sie als neu entdeckte, sortenreine Rarität an. Haben Erfolg sogar bei erfahrenen Sommeliers in Spitzen-Restaurants.

Immer mehr Winzer folgen dem Trend, auf Pestizide und andere chemische Mittel zu verzichten. Seit sie erkannt, dass die Natur sich selber hilft. Lassen zwischen Rebreihen wachsen, was wächst. Oder bepflanzen es neu. Statt zu mähen, umpflügen und Pestizide zu versprühen, wie bisher. Vögel haben wieder Lebensräume, in denen sie Nahrung finden. Lerchen, Bluthänfling, Zaun- und Zippammer fressen Insekten. Marienkäfer die gefürchtete Schildlaus. Ernten ohne Chemie gerettet.

Bei den Juden ist es von alters her üblich, nur Koscheres zu essen und zu trinken. Pflanzen nur das an, was das feuchtheiße Klima aushält. Weinstöcke lassen sie vier Jahre ruhen, bevor sie Trauben ernten und keltern. Erst wachsen und kräftig werden lassen wie Menschenkinder. Dann alle sieben Jahre ein Jahr lang nicht beschneiden, düngen und ernten, reichere Ernten die Folge. Diese und andere Regeln der Ernährung sind in Tora der Juden und Koran der Muslime festgeschrieben. Koscheres Fleisch, Fisch, Gemüse und Wein bedeutet, gesund und unbesorgt essen und trinken zu können.

Ein Beispiel ganz anderer Art. Im US-Staat Wyoming lockte der «Nationalpark Yellowstone» bei seiner Eröffnung Besucher aus aller Welt an. Ein völlig intaktes Ökosystem zu erleben. Vielgestaltige Landschaft mit Gewässern, Bäumen, Sträuchern. Wilde Tiere in freier Natur. Schon bald nach der Eröffnung meldeten sich ängstliche Stimmen, Wölfe seien eine Gefahr für Leib und Leben. Die Regierung ordnete an, die beiden Rudel zu erschießen. Schon bald funktionierte das bisherige Ökosystem nicht mehr. Das bisher für Vielfalt in Pflanzen- und Tierwelt gesorgt.

Waipiti-Hirsche, Gabelböcke, Bisons und ihr Nachwuchs weideten überall. Fraßen junges Grün und vermehrten sich ungehemmt. Bäume und Sträucher wuchsen nicht mehr nach. Besucher fielen aus, Millionen Eintritts-Gelder. Besorgte Bewohner riefen Wissenschaftler zu Hilfe. Ihnen gelang es, die Bevölkerung zu überzeugen, dass Wölfe von Natur aus Menschen scheuen. Die Regierung, erneut zwei Rudel anzusiedeln. Und sie taten, was sie immer tun. Überfielen jüngere Bisons oder kranke, verletzte Hirsche oder ihre Kadaver. Zehn Jahre später ist «Yellowstone» wieder attraktiv für Besucher aus aller Welt. Weil Menschen besserem Wissen gefolgt und die Natur sich selbst überlassen.

Wachsende Weltbevölkerung in Entwicklungs-Ländern und exponentiell gewachsene Ansprüche in Industrie-Ländern führen zu größerem Bedarf an Lebensmitteln. Was zur Vergewaltigung von Tieren und Natur geführt hat. Regenwälder gerodet oder niedergebrannt, des Profites wegen. Aus gleichem Grund Massentierhaltung ausgebaut. Schweine gemästet bis zur Schlachtreife. Massen Fleisch zu verkaufen. Massen Eier von Legehennen. Millionen männliche Küken getötet, weil lebensunwert. Wie Judenkinder bei den Nazis.

Naturschutz und Tierschutz kämpfen seit Jahrzehnten für Alternativen bzw. bessere Bedingungen. Wirkliche Fortschritte erzielen nur kleinere Betriebe, weil sie gezwungen, sich im Wettbewerb zu behaupten. Im Zeitalter des Massen-Konsums und Massen-Geschmacks mit Qualität zu punkten. Immer mehr auch aus ethischen Gründen.

Schweine nicht in Ställen, sondern in freier Natur sich selbst überlassen und ihren Gelüsten. Auf den Waldboden gefallene reife Eicheln ihr Lieblings-Futter. Bauern, die sie in Eichenwäldern aussetzen, profitieren von der Qualität ihres Fleisches. Berühmt der Schinken von Schwarzfußschweinen, «Pata Negra» aus der spanischen Provinz Extremadura. Gefragt als bester Schinken weltweit. Bei Udine in Norditalien führte gleiches in Eichenwäldern zum exzellenten Schinken «San Daniele». Den gerühmten «Parma-Schinken» soll jeder selber bewehrten. Mögen oder nicht, wenn er jetzt erfährt, er stammt größtenteils nicht von Italiens Schweinekeulen. Sondern denen aus Massentierhaltungen in Niedersachsen. In Italien nach ortsüblichen Rezepten verarbeitet, gesalzen, getrocknet, mit dem Etikett «Parma» versehen.

Tierschutz seit längerem ein Thema, pro und contra diskutiert. Stierkämpfe in Katalonien 2012 gesetzlich verboten. 2016 vom Verfassungsgericht abgewiesen. Er sei ein wichtiger Bestandteil spanischer Kultur. In anderen Provinzen geändert, Toreadores müssen in Kämpfen beweisen, dass sie geschickter agieren als Stiere, ohne sie zu töten. Im Zirkus werden bereits seit längerem keine Raubkatzen mehr vorgeführt. Durch atemberaubende Akrobatik und Clownerien ersetzt. Das internationale Zirkus-Festival in Monte Carlo und der kanadische «Cirque du Soleil» sind ständig ausverkauft. Im Fernsehen präsent.

Technischer Fortschritt hat vielerorts die Natur vergewaltigt. Ströme begradigt, kanalisiert, Waren auf Schiffen zu transportieren. Gleichzeitig aber auch Lebensräume vernichtet. Engagierten Landschafts-Architekten und Politikern gelang es, Wasser des Rheins in Nebenarme abzuleiten. Es entstanden wieder Feuchtgebiete wie früher. Lebensraum für ausgestorbene oder selten gewordene Vogelarten. Fische und Amphibien.

Verschwendung von Lebensmitteln charakteristisch für diese Zeit. Unsere Wegwerf-Gesellschaft versündigt sich in einem Maße an der Natur wie nie zuvor. In Deutschland landen jährlich 1,7 Tonnen Backwaren auf dem Müll. Verbraucher gewohnt, oder besser verwöhnt von 3000 Sorten Brot. Verlangen und bekommen täglich frisch gebackenes. Die Folge: Sogenannt Altbackenes wird weggeworfen. Zum Leben notwendiges Gut vernichtet und der Umwelt geschadet. Denn jeder Backvorgang verbraucht Strom, emittiert CO_2.

Bio-Landwirt Gottschaller ließ diese grandiose Verschwendung nicht ruhen. Sammelte jeden Abend unverkauftes Brot der Bäckereien seiner Umgebung.

Schredderte es, um statt mit Biomasse in seiner umgebauten Biogas-Anlage elektrischen Strom für Haus und Gerät zu erzeugen.

Ein anderer Landwirt hatte die gleiche Idee, altbackenes Brot zu zermahlen. Nicht, um es dem

Hühner-Futter beizumischen. Sondern seine Roggen- und Weizenfelder zu düngen. Sagte sich, was den Menschen schmeckt, schmeckt auch meinen Pflanzen. Die nächste Ernte lieferte den Beweis: Die Ähren prall gefüllt und in geringerem Maße von Schädlingen befallen.

Zwei Programmierer, das Problem erkannt, entwickelten eine Software für Bäckereien. Den Abverkauf aller Teile des Sortiments zu registrieren. Bäcker, die sie installieren, wissen, was aktuell läuft. Backen nur solche Mengen, die sie auch verkaufen können. Geringe Reste gehen an die «Tafel». Die auch von Restaurants beliefert wird.

Der letzte Schrei: altbackenes Brot wieder zum Backen verwenden. Zermahlen und mit 25% bis 50% neuem Teig beigemischt. Das deutsche Lebensmittelrecht verhindert noch einen Siegeszug. In Frankreich ist es seit vier Jahren gesetzlich bei Strafe verboten, Brot wegzuwerfen. Bäcker verkaufen schon lange solche Brote. Mit Anteilen von bis zu 30% Altbackenem, das sie fein zermahlen. Entdeckten, Altbackenes bringt Vorteile, wenn sie es in Wasser aufweichen, trocken pressen, dem Teig beimischen. Das neue Mischbrot bleibt länger frisch. Erfinden neues Backwerk, bereichern das Angebot.

Selbst dem «Baguett», National-Heiligtum der Franzosen, haben mutige Bäcker altbackenes Brot beigemischt. Schmeckt wie das Original, dürfen es aber nicht Baguett nennen. Wer es probiert, bleibt dabei.

Jetzt ist es an der Zeit, konsequent zu sein und endlich auch mich selber fragen: Bin ich einer, der Gutes will und folgerichtig handelt? Nicht nur andere Bösewichter kritisiert. Moralische Grundsätze nicht nur kenne, auch berücksichtige. Frage mich also und muss gestehen, ich will es schon. Aber nicht immer gelingt es mir. Zu tun, was ich für die bessere Variante halte. Es könnte öfter geschehen, um ehrlich zu sein.

Lasse meine Kindheit sein, was sie für mich war. Gut und Böse von der religiösen Stiefmutter definiert und ihr gefolgt. Ständig aufgefordert, Vorbild für die jüngeren Geschwister zu sein. Aber zu jung und unerfahren, um zu erkennen, was wirklich gut oder böse ist. Auch während der Nazi- und Militärzeit als Schüler fremdbestimmt, ohne mich wehren zu können. Mit dem Schlimmsten rechnen müssen, hätte ich den Gehorsam verweigert. Nicht als vaterländische Pflicht verstanden, sondern als Zwang und Unterdrückung empfunden. Gewalt selbst von unteren Chargen ertragen, machtlos ihren Launen ausgeliefert.

Nach Kriegsende gerade Achtzehn, nichts anderes gewünscht, alles möchte doch neu anfangen. Unerhörtes passieren. Von Freiheit gehört, gelesen und beschlossen, das neue Wort Wirklichkeit werden zu lassen. Kannten es nur aus Schillers Dramen. Auswendig gelernt, aber nicht wirklich begriffen. Erst 1946, als in allen Medien, allen Familien von Freiheit die Rede war, geahnt, das muss etwas ganz Wunderbares sein. In uns nur diktaturgeprägten Jungens Gefühle geweckt. Nichts, was wir uns in Friedenszeiten vorstellen konnten. Unsere Zukunft ein unbeschriebenes Blatt. Auf das wir mit großen Lettern FREIHEIT geschrieben hätten. Wenn wir gewusst, was sie für den Einzelnen bedeutet.

Zwei Jahre später zu Beginn meines Studiums an der Kunst-Akademie gelernt und begriffen, Kunst ist der Inbegriff von Freiheit. Mein Interesse galt allem Schönen, ohne es werten zu wollen. Fasziniert, geradezu hingerissen von Bildern, die ich noch nie gesehen. Des Russen Wassily Kandinskys abstrakte, des Spaniers Joan Miro figurale Kompositionen. Pablo Picassos expressive Frauenbilder. Bauten von Frank Lloyd Wright und Corbusier. Alles in mich aufgesogen, um wie sie zu werden. Einer, der wie die Meister der Moderne, nur seinen Intentionen folgen muss. Nie mehr Mächten in Familie, Staat und Gesellschaft.

Bücher verschlungen. «Wem die Stunde schlägt» von Ernest Hemmingway. Realistische Beschreibung des ideologisch geführten Bürgerkrieges in Spanien. Jeder gegen jeden. Kommunisten, linksliberale Republikaner und Faschisten. Nüchterne Dreitagebilanz eines, der freiwillig auf Seiten der Republikaner kämpfte. Zum ersten Mal einen Krieg als grausame Metzelei verstanden. Nicht als Heldenepos gefeiert, wie bei den Nazis.

Die von Artur Honegger komponierte «Symphonie Liturgique» für Chor und Orchester im Konzerthaus gehört. Vom rhythmischen Stakkato des Chores bis in die Grundfesten meines Seins erschüttert wie nie zuvor. Und nie mehr danach: «Dies ira, dies illa»: Dieser Tag des Zornes wird die Welt in Asche legen. Gott Rechenschaft von jedem fordern. Gute belohnen und Böse bestrafen. Denke ich daran, reißt mich das Stakkato erneut aus vermeintlicher Zuversicht. 1946 ein neues glückliches Leben vor uns, und schon sein Ende angedroht. Heute weiß ich, der Schweizer Honegger wollte uns mit dieser Komposition aufrütteln.

Dem Bösen abschwören und Gutes tun. Bis zum letzten unserer Tage.

1946 noch im Umbruch, einem Läuterungs-Prozess, den nicht ich allein erlebte. Mitvollziehen musste, ohne zu wissen, welche Auswirkungen es im Alltag haben könnte. Für mich und alle, die gezwungen waren, neu anzufangen. Wille und Entschiedenheit gefragt. Wollte man sich nicht nur treiben lassen. An der Akademie gelernt, Schönes von Hässlichem zu unterscheiden. Schönes für gut und Hässliches nicht für böse gehalten. Sondern als eine von mehreren Varianten immer wieder diskutiert und auf Reißbrett oder Zeichenblock skizziert.

Nichts ist nur schwarz oder weiß. Wollten wir ein Künstler werden, müssen wir lernen, zu differenzieren. Menschen und Dinge mit all ihren Schattierungen erkennen. Nicht nur den äußeren Menschen abbilden, auch seinen Charakter. Auf Skizzen weglassen oder betonen, auf Gemälden mit Farben und ihren Komplementärtönen zum Ausdruck bringen. Landschaften in der Stimmung, die charakteristisch für sie sind. In Architekturentwürfen den Goldenen Schnitt anwenden. Ein Verhältnis, für das es keine Formel gibt. Intuition gefragt. Erinnere «Paul Klee», einen früheren Direktor unserer Akademie. 1933 von den Nazis geschasst. Versuche, seinem Diktum zu folgen.

«Kunst zeigt nicht das Sichtbare, sondern macht sichtbar».

Als Berater Kunden überzeugen, den Nutzen ihrer Produkte nicht nur zu loben, sondern in der Praxis erlebbar zu machen. Als Dozent an der Akademie für Kommunikation in Köln die Studierenden gelehrt, dass Kommunikation erst dann gelungen ist, wenn Empfänger sich vom Absender verstanden fühlen.

Welchen Maßstab aber soll ein normaler Bürger anlegen? Sich so zu verhalten, dass er niemandem schadet. Das 1949 verfasste Grundgesetz die neue Rechtsgrundlage. Das Verhalten jedes Einzelnen in der täglichen Praxis.

Kann nur von mir reden, Verwandte und Freunde nur bedingt einschätzen. Mein Wertekanon noch lange irritiert von Erfahrungen während der Nazizeit. Unterschwellig noch vorhandene religiöse Werte unklar. Warum hat Gott diesen Hitler zugelassen? Warum starben Millionen Unschuldige viel zu früh? Im Prozess der Selbstfindung nach 1946 hatte ich die Suche nach verbindlichen Werten vernachlässigt. Alles Denken und Handeln konzentriert auf mich, meine momentanen Wünsche und Sehnsüchte. Dann lernte ich Marga kennen, heiratete sie bald und alles änderte sich.

Verliebt bis über beide Ohren, zum ersten Mal gespürt, dass mich eine Frau sexuell erregte. Folgte diesem Drang, genoss ihr Entgegenkommen. Die erste Tochter kam auf die Welt. Die zweite, die dritte, nach jeweils knapp zwei Jahren. Warum kein Sohn, fragte ich mich. Einer, der begabt wie ich, Künstler oder Architekt sein wird. Wenn ich gewusst, was ich heute weiß, hätte ich mich damit abgefunden. Neuere, von Wissenschaftlern durchgeführte Testreihen ergaben:

Männer mit einer großen Zahl von Spermien in den Hoden zeugen Töchter. Die mit wenigen Samenfäden Söhne. Zum ersten Mal war mir klar, zu viel kann auch zu wenig sein. Gemessen an dem, was ich will. Was wollte ich denn?

In erster Linie mich selbst verwirklichen, Sein, der ich sein möchte. Weniger an andere gedacht, Frau und Kinder. Sie machen lassen, ohne mich darum zu kümmern, mich mit Ratschlägen einzumischen. Hätte ich es tun müssen? Der Frau helfen, als sie nach einem Bandscheibenvorfall wochenlang das Bett hüten musste? Die Kinder zur Schule bringen, wieder abholen? Kontrollieren, ob sie ihre Hausaufgaben erledigten? Ihren Umgang mit gleichaltrigen Jungen aus der Nachbarschaft?

Machte es lustlos, neben Arbeiten für ein Architekturbüro wohl oder übel den Vater gespielt. Die Kinder müssen gespürt haben, dass mein Herz für die Kunst schlug und tolerierten es. Hin und wieder aber packte mich Zorn, ohrfeigte sie, entzog ihnen das Taschengeld. Weigerten sie sich, aufzuräumen. Oder pünktlich am Tisch zu sitzen. Nicht lange überlegt, sondern getan, was ich selber leidvoll im Elternhaus erfahren hatte. Als wäre ich einem ungeschriebenen Gesetz gefolgt. Eine kranke Marga machte mir Probleme, die ich bis dahin nicht kannte. Fand meine Sekretärin liebenswerter als meine Frau. Sie spürte es, weil ich immer öfter erst spät in der Nacht nachhause kam. Reagierte zurückhaltend, dann abweisend. Stand ich zum Koitus bereit vor ihrem Bett, drehte sie sich um, zog ihre Decke über den Kopf.

Was sollte ich tun? Wie sollte ich mich verhalten?

Im Grunde liebte ich sie immer noch. Kein Gedanke an Trennen oder Scheiden. Wenn nur nicht diese Lust auf Frauenkörper wäre. Margas schlanke Taille, ihre gebärfreudiges Becken. Brüste, die mich an Mama erinnerten. Plötzlich die Idee, für sie ein Kleid zu entwerfen. Eines, das ihre Taille betont, die Hüfte locker umschwingt. Vom Schneidern keine Ahnung, aber große Lust, es auszuprobieren.

Änne Burda muss meine Nöte gekannt haben. Offerierte in ihrer Zeitschrift »Burda-Mode« Schnittbögen, die Frauen nach dem Krieg dringend brauchten. Bestellte einen, ohne Marga zu fragen, ob er ihr gefalle. Ebenso einen Blauweißgelb gestreiften Stoff ausgesucht. Mit Kreide und Rädchen den Schnitt darauf markiert und auf Omas Nähmaschine zum fertigen Kleid genäht. Marga hat mein Erstlingswerk nur einmal anprobiert, weil die Kinder sie darum baten. Dann es der ältesten Tochter geschenkt.

Frage mich jetzt: War auch ich einer der Täter, die unbestraft häusliche Gewalt ausüben? Von der die Umwelt keine Kenntnis erhält. Kein Schrei, kein Klirr, kein Krach, kein Türenschlag nach außen dringt. Vierzig Jahre später entschuldigte ich mich bei meinen Töchtern. Sie aber winkten ab und meinten, sie hätten es für normal gehalten. Alle Kinder ihrer Klasse erzählten damals ähnliche Vorgänge. Aber Ball-Spiel, Sack-Hüpfen, Meerschweinchen füttern und mit ihm schmusen war ihnen viel wichtiger.

Kann mich aber nicht entlastet fühlen. Auch wenn es scheint, dass es meinen Kindern nicht nachhaltig geschadet hat. Wäre ich sechzig Jahre jünger und toleranter wie heute, würde ich vieles anders machen. Die Töchter fragen, wenn sie mich besuchen, was sie am liebsten essen möchten. Statt zu kochen, was vor allem mir selber schmeckt.

Damals nicht anders, als es darum ging, den günstig erworbenen Bungalow zu möblieren. Statt alle um Vorschläge zu bitten, sah ich mich als Architekt, dessen fachlichem Rat Frau und Töchter zu folgen hätten. Den großen Wohnraum akzeptieren ohne die üblichen Polster-Ungetüme. Doppelstöckige Betten im Kinderzimmer. 2000 Quadratmeter Wiese ohne Gemüsegarten und Blumenbeete. Terrasse ohne Hollywood-Schaukel.

Aber alle duldeten es, dass ich der Spiritus Rector war, ohne mir zu widersprechen. Eigene Wünsche anzumelden. Sodass ich mich in dieser Position als Patriarch bestätigt sah. Auch wenn weder böser Wille noch kühle Absicht meinerseits im Spiele war. Auf diese und ähnliche Weise werden mehr Egoismen durchgesetzt, als bekannt ist. Unbewusst meist, nicht mit physischer Gewalt. Aber mit kürzer oder länger wirkenden Folgen bei denen, die sich unterdrückt oder falsch behandelt fühlen.

Ulrike, unsere jüngste Tochter, verließ mit Siebzehn das Elternhaus. Ein selbstbestimmtes Leben zu führen. An der Uni in Münster studieren und die Welt kennenlernen. Wir wussten nicht, wo sie war, wie es ihr erging. Nur monatlich eine feste Summe auf ihr Konto in Münster überwiesen. Erst nach 18 Jahren erfuhr ich, sie lebt in Hamburg. Konnte sie dazu bewegen, mit mir über die Vergangenheit zu sprechen. Ihre Motive, uns zu verlassen, meine als Vater. Mich und Rose, meine zweite Frau, in unserem Haus zu besuchen. So lange brauchte es, Erinnerungen an Kindheit und Jugend einzuordnen, Vergangenes zu akzeptieren. Letzten Endes mir zu verzeihen, auch wenn ich sie um Verzeihung hätte bitten müssen.

Marga, meine erste Frau, nahm sich in dieser Zeit das Leben. Nach fast 30 Jahren von mir als gelungen empfundener Ehe. Fragte mich immer wieder, war ich die Ursache ihres Suizids? Hat mein Verhalten sie dazu gebracht? Hätte ich sie retten können? Auf Gedanken und Annäherungs-Versuche bei anderen Frauen verzichtet? Fragen, nur Fragen und keine Antwort, die mich vom Selbstvorwurf befreite. Bis ich vom «Nucleus

Praeopticus Medialis» erfuhr. Einem Nervenknoten bei Männern, der zu Dominanz, Aggression und Sexualität führt. Selbst Gedanken an Sex nur schwer zu unterdrücken sind. Fragte mich, bin ich abhängig von meinem männlichen Nucleus?

Nicht mehr Herr meiner Gefühle und Triebe? Das darf nicht sein. Das will ich nicht.

Begann, mich abzulenken. Malte ein Bild nach dem anderen. Modelte Chianti-Flaschen zu Fensterbank-Figurinen um. Kaufte einen Brennofen, um im Gartenhaus Tonfiguren zu kneten und anschließend für die Ewigkeit hart zu brennen. Kupferne Glasuntersätze mit Emaille-Farben verschönert. Setzte auf den Stamm eines abgeholzten Kirchbaums ein selbst geschreinertes Taubenhaus. Malte auf die Wand neben der Haustür eine drei Meter hohe Figur. Auf der Wiese daneben vier Kanalrohre aufeinander gestapelt, Augen und Ohren angegipst und Ocker-Weiß-Blau bemalt. Ein aztekischer Gartengott, der Haus und Hof bewachte.

Meißelte für den Wohnraum einen Brunnen aus Bimssteinen. Bei plätscherndem Wasser erinnert die zahllosen Brunnen auf den Terrassengärten von Tivoli bei Rom. Die sanft fließende Dronn an der Moulin de l'Abbeye in Brantôme. Schönste Ferien-Aufenthalte meines Lebens.

Jahre später Niemz gelesen und gewusst, warum ich unbewusst das Richtige getan, meine Triebe zu zügeln. Abgelenkt, indem ich mich ganz einer Aufgabe widmete. Mit der gleichen Intensität auch sexuelle Bedürfnisse befriedigt. Solange Marga willig war. Als sie sich nachhaltig weigerte, mit mir zu schlafen, die schlanken Beine unterm Minirock meiner Sekretärin wahrgenommen. Begehren gespürt, sie zu verführen. Ihre Wangen zum Abschied geküsst. Am Telefon geturtelt und gehofft, sie wird mit mir schlafen. Nichts geschah, mich glücklich zu machen.

Heute pensioniert, mit mir allein. Keine Frau, die mich umarmt und die ich lieben kann. Beschloss, was meine Natur zu sein scheint. Tun, zu was es mich treibt. An den Venuskörper von Rose, meiner zweiten Frau denken. Mich selber streicheln, um Lust zu empfinden. Gerichte kochen, je ausgefallener, desto lieber. Und schreiben, schreiben, schreiben. Von Sehnsucht und Liebesglück. Was war, was ist und was sein könnte. Leben und Tod. Wie immer schon getrieben, Angefangenes zu vollenden. Manchmal gelingt es mir, in drei Wochen ein Buch zu schreiben. Andere verlangten Geduld und Ausdauer. Ein, zwei Jahre vergingen, korrigiert, ergänzt, gestrichen, erweitert, bis ich es für gelungen hielt.

Hätte ich mit dieser Konsequenz auch meine erste Ehe retten können? Mich Marga voll und ganz gewidmet. Gedacht an die schönsten Stunden mir ihr. Mich verloren an sie, nur den Gedanken im Kopf, sie glücklich zu machen. Wie ich einen Orgasmus zu erleben. Hätten wir diese erste, ernsthafte Krise überwunden? Weiß nicht, ob ich dazu in der Lage gewesen wäre. Mein «Alter Ego» war immer stärker. Im Guten und im Schlechten.

Nicht nur privat, auch in meiner Agentur agierte ich ähnlich dominant. Einem Verlag als architektonisch versierter Berater empfohlen, die Fassade seines Gebäudes mit Werbung aufzupeppen. Den besten Verkäufer einer Chemiefabrik mit einem Original von «Yves Klein» zu belohnen. Das beste Team einer Lackfabrik mit einer 12-tägigen Reise nach Ägypten. Mein archäologisches Wissen ins Spiel gebracht, um die Reisegruppe sachkundig zu begleiten. Sogar wie die anderen meine Frau mitnehmen. Ein langgehegter Wunsch erfüllt. Alles Dinge, die ich liebe und mein Ego befriedigten.

Meinen Grafikern legte ich selbst entwickelte Ideen auf einer Skizze vor: „Mach 's druckfertig". Überzeugt, es gibt keine bessere Lösung. Meist haben sie es wunschgemäß ausgeführt. Bis auf einen, der meine Ideen ignorierte und eigene Entwürfe vorlegte. Musste zugeben, sie waren perfekt. Da erkannte ich zum ersten Mal, dass ich nicht allein der Genius bin.

Auch andere sind begabt. Erkannt, ich muss mein Verhalten als Arbeitgeber ändern. Mitarbeitern Freiraum geben, der sie motiviert, selbst Lösungen zu entwickeln, statt meine umzusetzen. Es brauchte noch Jahre, bis ich genug Erfahrung gesammelt. Meinen inneren Schweinehund überwunden hatte. Immer juckte es mich, der Beste zu sein. Auch heute noch ein starkes Motiv. Wenn ich schreibe, Lesungen oder Dia-Vorträge halte.

In meinem aktiven Berufsleben folgte ich bald besserer Einsicht. Beteiligte Mitarbeiter meiner Agentur nicht nur an Konzepten, auch am Gewinn. Vom Erfolg motiviert, riet ich auch meinen Kunden, nach dem Prinzip der Teilhabe zu verfahren. Nicht wenige konnten danach selbst konjunkturell bedingte schwierige Phasen gut überstehen. Ich selber könnte gelassener sein. Architektur aufgegeben und einen Beruf ausgeübt, der mich glücklich macht. Hätte sich nicht die Welt um mich herum total geändert.

Im 21.Jahrhundert werden wir stärker von außen beeinflusst als jemals zuvor. Denken und Verhalten eines jeden in Gefahr, fremdbestimmt zu werden. Digitalisierte Medien neue Instrumente von Firmen, Macht über Millionen zu gewinnen. Geld zu verdienen. Einfluss, um Meinungen und Kaufverhalten zu ändern. Einmal in einem Mode-Geschäft gekauft und jede Woche ein Sonderangebot in Briefkasten oder Mailbox. Das gleiche bei Wein, Drogerie-, Do-it-yourself-Artikeln, Computer-Zubehör, Büchern und Kunst. Verfalle auch dem ein oder anderen Online-Angebot, obwohl ich mir vorgenommen, nur in Fachgeschäften zu kaufen. Sehen, anfassen, vergleichen, anprobieren nicht nur besser, auch befriedigender.

Alle Fernseh-Sender versuchen, Zuschauer an ihren zu binden. Indem sie im Vorspann Szenen aus Filmen der kommenden Tage zeigen. Mit rasch aufeinander folgenden Ausschnitten. Szenen, die keiner begreift, nur registriert, was er registrieren soll: Spannend wird es sein, bloß nicht verpassen. Dramen, Katastrophen angedeutet, machen neugierig. Laute, drängende Musik pulverisiert das letzte Quäntchen Absicht, auf einen anderen Sender umzuschalten.

Wer am Abend partout auf angenehmere Weise unterhalten werden will, wechselt trotzdem. Wohin er auch zappt, immer das gleiche Dilemma: Langweilige Wiederholungen, uralte Liebesfilme, bereits belachte Bonmots zum Zeitgeschehen. Von immer denselben Comedian mit neuen Akzenten variiert. Corona auf allen Sendern, zigmal am Tag. Generell hat man den Eindruck, in Filmen muss einer betrogen werden, überfallen, erschossen. Monster in Menschengestalt agieren oder führen Kriege. In denen Menschen sterben oder gezwungen werden, zu fliehen.

Dokus über aktuelle Ereignisse als Film inszeniert, den Unterhaltungswert zu steigern. Spaß zu haben. Nicht sachlich zu informieren, um ernst genommen zu werden. Als Zuschauer sich Gedanken zu machen. Immer noch Bürgerkriege in Syrien, in Irak, Somalia, Süd-Sudan, Libyen, Rohinga. Mit fast 4 Millionen Menschen-Opfern. Drogenkämpfe in Mexiko und den Philippinen forderten über 400.000 Menschenleben. Die meisten unschuldig. Konflikte in der Türkei mit der oppositionellen PKK und 450.000 Tote bisher.

Filme, die allein dem Zweck dienen, Zuschauer nicht an die Konkurrenz zu verlieren. Keine Zeit lassen, nachzudenken. Motiviert, uns Protesten anzuschließen. Wie damals in der DDR gegen die

Partei-Diktatur. Von sowjetischen Panzern über-
rollt. In den USA verbrannten sich vier Pazifisten
auf einem öffentlichen Platz San Franciscos. Ihr
Protest gegen den Krieg in Vietnam, den Abwurf
von Napalm-Bomben auf Zivilisten.

Aber täglich Filme von Auseinandersetzungen
und protestierenden Menschen sehen zu müssen,
könnte abstumpfen. Ursachen und Leid der Betroffenen aus dem Blickfeld geraten. Nicht anders
bei den täglichen Berichten aus Kriegsgebieten.
Inzidenzen und Todesfällen der Pandemie. Das
Gegenteil ist der Fall. Geschockt und gleichzeitig
fasziniert folgen ihnen Millionen bis in die Mor-
genstunden. Fernsehen scheint sie hoch zu befrie-
digen. Wie sie auch alles fotografieren, was ihnen
vor 's Handy oder Smartphone kommt. Hauptsache gespeichert. Ob sie es wirklich gesehen und
begriffen haben?

Erfährt man von Meinungsumfragen, erfüllen alle
Sende-Anstalten mit ihren Programmen die Wünsche einer Mehrheit von Zuschauern. Könnte mir
also einbilden, die Ausnahme von der Regel zu
sein. Zur Elite gehören. Weil ich eigene Vorstellungen von abendlicher Unterhaltung habe. Mit
Gleichgesinnten eine Minderheit vertrete, die noch
nicht verfolgt wird. Weil wir in einer Demokratie

leben. Kulturelle Werte aber, Respekt vor andersartigen Menschen, scheinen abhandengekommen zu sein.

Hin- und hergeworfen zwischen den Fronten fällt es mir von Tag zu Tag schwerer, zu entscheiden. Alles hat mehr Aspekte als jemals zuvor, in aberhundert Daten zersplittert. Mein Schädel brummt. Die Nervenstränge machen nicht mehr, was sie sollen: aufpassen und die richtigen Synapsen herstellen. Die meinem Wertekanon entsprechen. Böses drängt sich vor. Dann wieder Gutes erinnert, das war. Oder nur eingebildet, mich zu entlasten. Mag sein, es sind die Folgen meines Alters. Alzheimeranzeichen? Scheinbar aber nicht der einzige. Auch Jugendliche geilen sich am Bösen auf, weil spannender als das ewig gleiche Gesülze von Erwachsenen.

Folgen Influenzern auf Instagram oder Twitter. Verleumderischen Thesen, weil sie up-to-date sein wollen. Beleidigen Andersdenkende, auch wenn sie sie nicht persönlich kennen. Typisch Untertanengeist: Nach oben buckeln, nach unten treten. Den Heinrich Mann in seinem Buch: «Der Untertan» treffend charakterisiert. Das Böse heute geplanter Faktor in der Unterhaltungsindustrie. Soziale Medien die Spielwiese für Bösartigkeiten aller couleur.

Raffiniert wie immer schon, beherrscht es das Denken von Abermillionen, die an langweiligen Abenden Verabscheuungswürdiges attraktiv finden. Eine Laune, die ihren Wertekanon zum Negativen verändert. Meinungs-Umfragen könnten es abbilden. Die sie in Auftrag geben, interessiert aber nur, ob das, was sie senden, gefällt oder nicht. Die Methoden der Befragung aber sind verschieden. Auch hier diktiert Wettbewerb die Art des Vorgehens. Es soll Institute geben, die mit ihren Fragen vorhersehbare Antworten provozieren. Z. B. «Halten Sie es für notwendig, den Klimawandel zu bekämpfen? Ja oder nein? Die Antwort ja. Obwohl die Mehrheit unentschlossen, nur Ja sagt, weil es opportun ist. Sender räumen dem Thema nicht mehr Raum ein, als Politik vorgibt. Weil sie aus den Einschaltquoten wissen, was ihren Zuschauern mehr gefällt als die endlose Klima-Debatte: Also alle sehen am liebsten superspannende Geschichten. Mord und Totschlag inklusive. Der Krimi am Abend verlängert bis weit nach Mitternacht.

Seit wir wissen, der Mensch ist sowohl gut als auch böse, sollte man annehmen, er bemüht sich, Gutes zu tun. Weil ihm am Ende der Himmel versprochen wird. Zumindest aber ein gutes Gefühl hinterlässt. Seltsamerweise jedoch fasziniert ihn das Böse mehr. Warum wohl? Hölle scheint ihn nicht zu schrecken. Denn andere sind die Bösewichte. Er nur Zuschauer. Lehnt sich zurück, im Lehnsessel oder in Gedanken: Ich bin keiner von denen. Ein anderer freut sich, gelingt es einem Ganoven, der uniformierten Gerechtigkeit zu entkommen. Beide mit dem Gefühl, auf der richtigen Seite zu stehen, bzw. zu sitzen. Man könnte daraus folgern: Böse ist nur, wer Böses tut.

Doch sei daran erinnert, dass Böses nur Böses zeugt. Egal ob aktiv von Tätern ausgeführt oder passiv vom Zuschauer miterlebt. Und das Böse als Möglichkeit im Wertekanon fixiert. Weil es auf geheimnisvolle Weise attraktiv ist. Dazu verleiten kann, ein Täter zu werden. Der Ehemann seine Frau verprügelt. Der Polizist einen fliehenden Dieb verfolgt und erschießt, bevor er entwischt. In Großbritannien ist Polizisten das Tragen von Schusswaffen aus guten Gründen gesetzlich verboten. Weil auch Polizisten Menschen sind, die irren. Bei falsch eingeschätzter Gefahr auch Unschuldige töten können. Eine solche Waffe in der Hand verleiht das Gefühl der Stärke und verführt dazu, sie zu benutzen. Die USA und andere Staaten sollten sich an Großbritannien ein Beispiel nehmen.

Nachdenklich geworden, als in einer Sendung ein noch lebender KZ-Aufseher interviewt wurde. Im Prozess freigesprochen mangels Beweisen. „Ich fühle mich ganz und gar nicht schuldig. Habe nur meine Pflicht erfüllt, wie man es von mir erwartete." Solche Selbsttäuschungen, quasi Rettungsversuche, überall auf der Welt. Merkmale eines verdorbenen Charakters und bereits abgestumpft? Oder nicht nachdenken wollen, weil Denken das Gewissen aus dem Schlafe weckt. Selbstgewissheiten irritiert?

In den USA verfolgte der bekannte FBI-Jäger «Gordon Liddy» Leute, die mit angeblich falschen Behauptungen der Regierung geschadet. Oder geheime Akten des Pentagon an «New-York-Times» und «Washington-Post» weitergegeben. Die bewiesen, die republikanische Regierung unter Präsident Nixon habe die Unwahrheit gesagt. Ihre Wähler bewusst über den Zweck des Vietnamkrieges getäuscht. Nicht Amerika vor Feinden der Freiheit geschützt, sondern im Dschungelkrieg Abertausend Frauen und Kinder mit Napalmbomben ermordet. In «Watergate» Gefangene zu Tode gefoltert. Alle Versuche der Republikaner, es zu leugnen, scheiterten. Präsident Richard Nixon musste abdanken.

Gordon Liddy, der den Wistleblower «Timothy Leary» wegen Watergate vergebens verfolgte und verhaften wollte, bekannte später in einem Interview: „Als von Asthma geplagtes Kind hatte ich früh das Bedürfnis, ein starker Mann zu werden. Erschoss mit dem Gewehr meines Vaters Hühner und Katzen. Ohne Gedanken und Emotionen. So, wie man es von einem Soldaten verlangt". Ein Typ, der wie Hitlers Schergen bereit zu morden. Ohne schlechtes Gewissen.

Zum Glück gibt es noch andere Medien, die nicht dem Mainstream folgen. Sich in der Verantwortung sehen, über beklagenswerte und lobenswerte Zustände zu berichten. Wahrheitsgemäß, nüchtern und nicht reißerisch. Gleichzeitig aber Interesse wecken und Spannung erzeugen. Langweilig sind sie nie. «3-Sat», «alpha», «Phoenix» und der Französisch-Deutsche Gemeinschafts-Sender «Arte». Fordert Zuschauer am Schluss jeder Sendung auf, online zu reagieren. Ihre Meinung zu äußern, um übereinstimmendes Interesse bei der Programm-Gestaltung zu berücksichtigen.

Bemüht um Verständigung. Befriedigt unseren Wissensdrang mit Einblicken in unbekannte, vergessene Gegenden. Mit Menschen, die ein Leben wie vor Hunderten von Jahren führen. Andere, die Probleme unserer Zeit anpacken, Nicht in drama-

tisch inszenierten Filmen, sondern sachlich dokumentiert. Abends von 19:40 bis 20:15 Uhr. Nach-
folgend Berichte aus zwei hoch aktuellen Bereichen werden Sie überzeugen: «Bildung» und «Kli-
maneutrale Energie». Der zweigespaltene Mensch
kann sich für das Gute entscheiden, wenn er eingesehen, es hilft ihm. Dann muss er es auch wollen.

Schulwege für uns zu Fuß, per Bus oder Straßenbahn kein Problem. Die in entlegenen, gebirgigen
Gegenden Afrikas, Mittelamerikas oder am Hima-
laja ein so großes, dass es uns den Atem verschlägt.
Kinder sind bis zu sechs Stunden unterwegs, um
eine der wenigen Schulen im Land zu erreichen.
Bleiben deshalb die ganze Woche im Schulhaus.
Auf Hinweg und Rückweg aber gezwungen, Strapazen auf sich nehmen. Gefahren ausweichen, die
nur erwachsene Kletter-Künstler mit Mühe bewäl-
tigen. Im schroffen Gebirge, über reißende Flüsse.
Durch dichte Mangrovenwälder mit giftigen
Schlangen. Jeder Unfall lehrt die Kinder, achtsam
zu sein. Aufeinander aufzupassen.

Größere die Kleinen auf den Arm nehmen.
Sich trotz wund gelaufener Füße riesig freuen, eine
Schule besuchen zu können. Um einen Beruf zu
erlernen. Ärztin, Pilot oder Lehrerin, fragt man sie.
Ihre Eltern unterstützen sie darin, weil sie erfahren

haben, dass ohne Bildung keine Aussicht besteht, den gegenwärtig misslichen Verhältnissen zu entkommen. In Gegenden fern jeder Zivilisation schon gar nicht. Politiker nur konzentriert auf prosperierende mit hohen Steueraufkommen.

Das große Problem unserer Zeit: Fossile Brennstoffe sind regelrechte Klimakiller. Belegen bei uns immer noch den ersten Platz in der Energieversorgung. Im Schweizer Luzern haben Ingenieure aus Elektro- und Wassertechnik den See vor ihrer Tür als Wärmespeicher erkannt. «See-Thermie» als Energieversorger entwickelt. Demnächst geht das erste Kraftwerk ans Netz. Es wird Nachfolger finden. Das Potential von Energie aus dem Wasser von Seen ist unerschöpflich.

Das Pariser Startup «Quarnot» will die Abwärme von Computern zum Heizen nutzen. Statt Rechner aufwändig zu kühlen, die anfallende Wärme in Heizkörper schicken. Das Geschäft: Heizungen dieser Art verkauft das Unternehmen an Privatpersonen. Deren Rechenleistung an Firmen, die sie somit dezentral rechnen lassen. Statt Abwärme in großen, eigenen Server-Räumen ungenutzt zu vergeuden.

Die schnellste Methode, CO_2 zu sparen, nur Räume zu beheizen, wenn sie benutzt werden. An der Gemeinschafts-Schule in Bad Segeberg werden nur smarte Thermostaten benutzt. Schicken Wärme nur in Klassenräume, wenn Unterricht stattfindet. Der Baustoffhändler Werner Schönthaler in Südtirol knobelte an klimafreundlichen Bausteinen. Statt Betonsteinen entwickelte er Bausteine aus Spreu von Hanf und Kalk. Mit vielen Vorteilen. Leichter zu verarbeiten als schwere Betonsteine. Speichern die Wärme von Innenräumen, erübrigen zusätzliche Dämmung von Außenwänden. CO_2 negativ, weil bei ihrer Herstellung mehr Kohlendioxid gebunden als bei der Produktion freigesetzt wird.

Wir handeln meist in gutem Glauben. Überzeugt von dem, was wir denken, meinen und für richtig halten. Die Krux aber ist, dass auch ein Dieb glaubt, er hätte das moralische Recht, Juwelierläden auszurauben. Die und ihre Kunden hätten eh mehr als sie brauchten.

Auch ein Lehrer, der seine Schüler ohrfeigt, glaubt sie hätten es verdient, weil sie faul, vom Nachbarn abschreiben oder ständig den Unterricht stören. Das aber ist jetzt verboten, seit «Summerhill» quasi die Norm, Kinder gewaltfrei zu erziehen. Die meisten begrüßen diesen Wandel. Glauben sich gerechtfertigt vom allgemeinen Trend – «Freiheit von» – statt – «Freiheit für».

Nur wenige wehren sich gegen die Lockerung der Sitten. Bernhard Bueb, 1974 – 2005 Leiter der Elite-Schule in Schloss Salem verficht die These: Nur wer früh gelernt hat, Verzicht zu üben, Autoritäten anzuerkennen und Verantwortung zu übernehmen, kann später sein Leben selbstbestimmt in die Hand nehmen. Disziplin und Verantwortung seien notwendige Voraussetzung für Glück und richtig verstandene Freiheit.

Das Prinzip von Salem: Erlebnis-Pädagogik. In Natur oder einer Vielfalt von Arbeitsgemeinschaften können Schüler und ihre Lehrer Begabungen entdecken, Talente gefördert werden. Um sie in diversen Studiengängen fortzubilden. Seit 2014 sind sogar Musik-Examen nach internationalem Standard ABRSM möglich.

Im «Salem-Kolleg» haben Schüler mit dem Abiturzeugnis die Chance, sich über ihre berufliche Zukunft klar zu werden. Innerhalb eines Orientierungs-Jahres geben ihnen Professoren und Dozenten weitgehende Einblicke in relevante Studienfächer.

Nicht nur Bueb forderte Konzentration und Engagement. Respekt vor Regeln und Grenzen im Schulbereich. Alkohol- und Drogenkonsum kontrolliert. Bestraft bis zum Verweis von der Schule. Früher eine Schule für verwöhnte Kinder aus reichen Familien. Heute gilt das Prinzip der Offenheit. Lehrer, Mitarbeiter und Schüler aus mehr als 40 Ländern. Leistungsbereit und sozial breit gefächert. Begabung zählt und Charakter. Auch heute noch gilt Buebs Forderung: Schüler haben das fachliche Wissen von Lehrpersonen kritiklos anzuerkennen. Das sie durch lange Praxis und in Gesprächen vor ihrer Einstellung nachweisen mussten.

Bueb aber bleibt der einsame Rufer in der Wüste. Kein Minister, kein Schulamt riskiert, seine Vorschläge auch nur ansatzweise in Gesprächen zu äußern. Geschweige sie zu verordnen. Pensioniert schreibt er das kontrovers diskutierte Buch: «Lob der Disziplin».

Sehr geehrte Leser*innen, haben Sie Kinder und keine nennenswerten Probleme, sie zu selbstbewussten Menschen zu erziehen? Oder hat Sie die Diskussion um die richtige Methode verunsichert? Scheuen sich, Regeln vorzugeben, Grenzen zu ziehen? Leiden aber gleichzeitig darunter, dass sie Ihnen auf der Nase herum tanzen. Ein Bonmot fällt mir ein, das Ihnen helfen möchte, nicht allen Vorschlägen zu folgen. Sondern genau hinschauen, Herkunft und Folgen bedenken:

«Der Gegensatz von Gut ist nicht böse – sondern gut gemeint».

Extrem ausgelegt von Calvinisten. In den USA Evangelikale genannt. Nachfolger der ersten Siedler, die England verließen, weil sie sich verfolgt sahen. Katholische und Anglikanische Kirche ihre größten Feinde. Sie seien von Gott auserwählt, propagierten den Geist rigider Reinigung. Alle menschlichen Bedürfnisse, Süchte seien des Teufels. Setzten das totale Alkoholverbot 1920 – 1933 durch. Prägender für die amerikanische Kultur waren die prozessualen Formen: Die Unerbittlichkeit, mit der das Gewissen erforscht. Alles Böse und Abweichende ausgemerzt. Typisch für diese «Moral» die Hetzjagd gegen Kommunisten in den frühen 1950ern. Mutmaßliche Kommunisten verhört, Geständnisse verlangt. Senator «McCarthy», damals gefürchtet und gehasst. Von Säuberungsfantasien getriebener Politiker, dessen Praxis an Hexenprozesse im ausgehenden Mittelalter erinnert. Eine Anzeige war schon Urteil, Verfahrensgarantien galten nicht mehr. Wer zu langsam oder wenig überzeugend abschwor, dessen Karriere war beendet.

Heute spricht man von «Cancel-Culture». Nicht von der Politik in Szene gesetzt, sondern von Millionen Menschen im Internet. Ihre Spielwiese die Sozialen Medien, von denen bereits die Rede war. Sie haben sich zu perfekten Bezichtigungsmaschinen entwickelt. Unter dem Deckmantel «Political Correctness» wird mehr Unheil angerichtet als bekannt wird. Immer wieder werden neue Ungerechtigkeiten angeprangert, die es zu tilgen gilt. Die Plattformen vergessen nichts, können jederzeit zu Denunziationen genutzt werden. Stets drohen Fehltritte, Verletzungen, Kränkungen. Steigert das Bedürfnis, dem Mainstream zu folgen. Die Angst ist groß, Falsches zu meinen oder zu äußern. Wie in puritanischen Unterweisungs-Stunden. Gut gemeint mit bösen Folgen.

Immer noch scheint gut gemeint bei vielen Eltern die Maxime zu sein. Überzeugt, ihre Kinder werden selbstbewusste Individuen, wenn sie sich möglichst wenig einmischen. Erfahrungen machen lassen und sich, wie man so sagt, die Hörner abstoßen. Untersuchungen belegen, dass ein Mindestmaß an Disziplin notwendig sei. Was auch die Erkenntnis des antiken Philosophen Sokrates bestätigt: «Der Mensch ist ein Gemeinschafts-Wesen». Will sagen, jeder ist auf den anderen angewiesen. Sich folglich sozial verhalten, Rücksicht nehmen sollte.

In gutem Glauben handelte auch meine Stiefmutter Gustel. Gestraft, weil sie es nicht anders kannte. Wie die meisten ihrer Generation von klein an meist für Nichtigkeiten bestraft. Gezwungen, zu tun, was sie nicht mochten. Gewohnt, geohrfeigt, geprügelt zu werden. Vielleicht auch Lust abzuhauen, wie ich mit meinem jüngeren Bruder. Uns aufgemacht, als die Eltern in der Oper waren. Gerade die Haustür geöffnet, wen sahen wir? Wie von Geisterhand dahin gezaubert: Papa und Stiefmutter Gustel. Sie hatte plötzlich das Gefühl, zuhause stimmt was nicht. Verließen in der Pause die Oper. Uns aber verließ die Hoffnung, jemals entwischen zu können. Unser Kinderzimmer ein Gefängnis. Bruder Karl und ich in einem Bett. Fenster und Tür verriegelt.

Als ich sie 1984 nach einem Schlaganfall im Altenheim besuchte, wirkte sie auf mich wie abwesend, bereits verloren für die Welt. Sah mich an und wieder nicht. Lächelte und wieder nicht. Habe ihr spontan verziehen. In dem Augenblick vergessen, dass sie sie böse Stiefmutter war. Sie konnte nicht anders, als das tun, was sie als richtig gelernt. Ihr Wertekanon das Resultat ihrer Vergangenheit. Wie bei den meisten. Wer weiß, wie meine Kinder über mich denken. Sich aber nicht äußern. Mitarbeiter, Freunde oder auch Rose, meine zweite

Frau, lebten sie noch. Wenn sie mich in manchen Situationen zum Teufel gewünscht, hätte ich gewusst, warum.

Rose war die große Liebe meines Lebens. In 28 Jahren gemeinsamen Denkens und Handelns zum ersten Mal erfahren: Liebe ermöglicht alles. Liebe ist stärker als der Tod. Sie starb an den Folgen eines Lungen-Emphysems. Nach vier Monaten Klinikaufenthalt am Abend vor Weihnachten 2009. Ließ einen Verzweifelten zurück. Einen, der sich selbst verloren, nur noch weinen konnte. Beten in seinem letzten Gedicht:

«Die Tage sind dunkel wie nie – Herr, lass es gut sein – schicke deinen hellsten Engel – an Weihnacht wäre schön.»

Ein gutes Jahr brauchte es, bis ich mich ausgeweint und begonnen zu schreiben. Tagebuchartig alles festgehalten, was mich beeindruckte, immer noch glücklich macht und nachdenklich. Über das Leben sinniere, den Tod, der kein Ende, sondern Erinnerung. Erinnern aber ist Leben. 1.228 DIN A 4 Seiten beschrieben. Auszüge von einem Verlag als Buch gedruckt und veröffentlicht. «Rose lebt», der Titel.

Rose eine schöne Frau, immer noch. Von vielen Fotos an den Wänden meines Appartements schaut sie mich an. Spricht mit mir. Mahnt mich, wenn ich nicht ideellen Intentionen folge, sondern materiellen Zwecken. Immer ließ sie mich sein, der ich sein, tun, was ich tun wollte. Holunderbeeren im Garten ernten, obwohl wir schon stadtfein, nach Düsseldorf gewollt. Bald auch ich motiviert, Wünsche der geliebten Frau zu erfüllen. Sie mit einem Halsband aus echten Türkisen überrascht. Ihr zuliebe fünfmal hin und zurück 4254 km Autobahn nach Amalfi gefahren. In einem ehemaligen Kloster gewohnt, das Meer zu unseren Füßen. Folgte ihr gerne und sie mir, weil wir den anderen nie gegen seinen Willen zu etwas gezwungen. Jeder aber bemüht, des anderen Vorliebe zu erkennen und zu übernehmen. Motiviert, mit eigenen Vorschlägen zu überraschen. So waren wir bald uns einig im Sinne des Wortes. So anders jeder auch veranlagt war. In vielem unisono. Liebespaar und Gastgeber für 20 Gäste und mehr. Lange Reisen unternommen, um Kunst zu genießen. Bach-Suiten im Dom von «Ravello», Theater im Innenhof des «Palais du Pape» in Avignon. Mit ihrer Familie gefeiert. Ihr Mantra: Familie muss zusammenhalten. Erfahren in ihrem Elternhaus, bewährt in unseren gemeinsamen Jahren.

Sie riet mir dringend, Ulrike, meine jüngste Tochter in Hamburg zu besuchen. Stiefmutter Gustel im Altenheim. 40.000 D-Mark an eine Klinik in Afrika zu überweisen. Um meine zweite Tochter Dorothee in die Robert-Koch-Klinik nach Berlin zu fliegen. Nur dort könne man sie retten. An Malaria schwer erkrankt, starb sie schon drei Tage später in Cotonu im Benin. Rose trauerte mit mir, als wäre es ihr eigenes Kind.

Nach wie vor ist sie das Feuer in meinem Herd. Lässt mich fühlen, als säße sie noch mit mir am Frühstückstisch. Lauschte am Abend Mozarts Sonate in A-Dur. Die ich auf dem Klavier einstudiert. Zum ersten Mal im Auto auf der Heimfahrt von Palma de Mallorca in unsere Casa gehört. Das Verdeck offen, über uns tiefdunkelblau der Nachthimmel und in uns das Universum von Abermillionen Sternen.

Danach war unser Leben stets von Mozarts Sonate begleitet. Ansichten geändert, Zustände verbessert, Wünsche erfüllt. Obwohl sie unerfüllbar schienen. Spiele ich Mozart, ist Rose lebendig. Überzeugt, sie denkt auch an mich. Egal, wo sie sich jetzt aufhält. Laut Niemz ist sie als Photon des ewigen Lichts in mir. Es muss stimmen, denn ich spüre sie in mir als Teil von mir. Schön auch im Alter noch. Meiner Liebe mehr als würdig. Könnte ich sie jemals vergessen?

Frage mich aber auch, ob ich ihr und auch mir selber in meiner Verliebtheit einen Gefallen getan. Ebenso wenig Verwandten und Freunden, meinen Töchtern aus erster Ehe. Auch wenn sie uns beneideten. Sähen uns an, dass wir glücklich waren. Gefühl ist alles, konstatiert der französische Philosoph «Michel Henry». Wir seien heute der Wissenschaft verfallen, dem Wahn, alles berechnen zu können. «René Descartes» ein halbes Jahrtausend früher: «COGITO – ERGO SUM». Ich denke, also bin ich.

Wem also soll ich folgen? Überlasse ich mich meinen Gefühlen? Erinnerungen? Hoffend, mein Leben wird ausgewogen sein. Oder reizt es mich mehr, Gedanken zu folgen? Neues, noch nicht Bekanntes zu entdecken. Eine neue Seite meiner Rose vielleicht. Die meiner schüchternen Nachbarin, einer Theologin. Oder einer meiner Töchter? So alt ich auch geworden, ich weiß, dass ich nichts weiß.

Seitdem ist mir klar, glasklar wie eine soeben gereinigte Fensterscheibe: Nur wer um die eigene Unzulänglichkeit weiß, kann verstehen, akzeptieren, lieben. Menschen oder Sachen, auch die ihm bisher fremd und bedrohlich erschienen. «COGITO – ERGO SUM». Ich denke, also bin ich.

Handeln setzt also Denken voraus. Gutes und weniger Gutes gegeneinander abzuwägen. Ethische Pflichten oder materielle Vorteile erkennen. Sich für das jeweils Bessere entscheiden und dann erst handeln.

Ich bemühe mich täglich, nichts anderes als das Gute zu erkennen. Um danach zu handeln. Jeder, der denkt, sucht sie auf einem anderen Terrain. Kann nur hoffen, es gelingt mir im Seniorenstift einigermaßen.

Diesen Schluss bestätigt auch ein anderer. Der wissen will, was Menschen früher über sich selbst und andere dachten. Herausfinden, ob es heute noch von Nutzen für die menschliche Gesellschaft ist. Der Amerikaner «Columba Stewart» und sein Team suchen überall auf der Welt alte Schriften. Briefe, Dokumente und Bücher, in denen Menschen verschiedener Religion oder Herkunft ihren Alltag beschreiben. Kleine oder größere Gemeinschaften bildeten. Um die Dokumente fotografieren und digitalisieren zu lassen. Damit sie nicht verloren gehen. In Europa ist er bereits fündig geworden. In Nahost, Ägypten, Syrien, Libanon, der Türkei warten bereits tausende Schriften aller Konfessionen darauf, fotografiert, digitalisiert und in die Online-Bibliothek HMML aufgenommen zu werden.

Stewart ist Gründer und Direktor der «HMML» Hill-Museum&Manuscript-Library. Jeder Interessierte findet leicht Zugang über HMML im Internet, nicht nur Wissenschaftler. Um sich ein reales Bild früherer Gesellschaften zu machen, die niemand kennt. Oder nur aus Sagen und Mythen, verherrlicht oder verteufelt. Schon in früheren Jahrhunderten gab es Dörfer und Städte, die dem Wohl des Einzelnen verpflichtet waren. Und damit auch der Gemeinschaft. Erfolgreich in Geschäften, berühmt mit kulturellen Leistungen. Trotz oder gerade wegen verschiedener Religion, Rasse oder Herkunft.

Stewart ist überzeugt, wer sie liest, wird seine Meinung über Muslime, Hindus, Juden, Christen und den Geisterglauben indigener Völker korrigieren. Nicht mehr den üblichen Klischees verfallen. Seine vordringliche Aufgabe sei es, solches Schrifttum aufzuspüren. Vermehrt in Ländern, in denen der I. S. oder andere radikale Gruppen schon vieles unwiederbringlich zerstört haben. In Nahost und auch in ostasiatischen Ländern wie Burma. So schwierig es auch oft ist, Stewart ist Optimist.

Überzeugt, wer weiß, wie und warum Menschen friedlich zusammenleben, handelt anders als einer, der es nicht weiß. Mögen es möglichst viele zur Kenntnis nehmen. Es könnte nicht nur den ein oder anderen Verantwortlichen veranlassen, Meinung und Handeln zu ändern. Jeder ist angesprochen.

Wie gerufen eine Sendung auf arte: Der Islam, in der westlichen Welt zumeist verteufelt, predigt Nächstenliebe. Wie christliche und fernöstliche Religionen. Besonders im Fastenmonat «Ramadam». Tagsüber begnügen sich Gläubige mit zwei, drei Pralinen und einigen Schlucken Wasser. Nachts aber wird der Tisch gedeckt für Menschen, die es nötig haben. Nachbarn, Leute von der Straße eingeladen, denen sie das Beste vom Besten servieren. Nichts ist ihnen zu teuer. Vermögende bezahlen selbst hohe Schulden arbeitsloser Familien bei Lebensmittel-Händlern. Überlassen Straßenschläfern mietfrei eine ihrer Wohnungen. Die Obdachlosen können es nicht fassen. In ihren Gesichtern ungläubiges Staunen. Betreten ihr neues Zuhause mit zögernden Schritten. Jeden Moment bereit, sich zu Boden zu werfen, um Allah zu danken.

Erfahren sie davon, bekäme Leser oder Zuschauer ein schlechtes Gewissen. Wie bei Aufrufen von «Caritas» oder «Missio». Spontan gewillt, Gutes zu tun und spenden. Auch HMML anklicken und

Columba Stewart eine Summe überweisen. Wäre da nicht um 20:15 Uhr im ZDF ein alter Film mit Sofia Loren. Den sie auf keinen Fall verpassen wollen. Die gute Absicht bleibt Absicht, vergessen meist. Es ist, wie es immer ist:

Zwei Seelen wohnen ach, in meiner Brust, stöhnt Faust in Goethes Drama. Jeder von uns ist seit Adam und Eva in Gut und Böse zweigespalten. Hell und Dunkel. Gott und Teufel. Wie sich diese Tatsache auswirkt, hängt von vielem ab, wie wir mittlerweile wissen. Vom Gesundheitszustand, der emotionalen Verfassung. Einem Nervenknoten die Männer. Von äußeren Bedingungen und Einflüssen wir alle. Den puren Gutmenschen gibt es nicht. Den Bösen begegnen wir öfter als uns lieb ist. Plautus, ein Dichter des antiken Rom fasste es in die Worte:

Homo hominis lupus est. Mensch ist der Wolf des Menschen. Für den Schweizer Dramatiker Friedrich Dürrenmatt ist der *Mensch ein Raub-Affe.*

Oder sind Sie der Meinung, der Mensch ist irgendwie dazwischen. Ein bisschen gut, ein bisschen böse. Changierend je nach Lage der Dinge. Nutzen oder Schaden. Glauben an Himmel und

Hölle oder die Macht des Staates. Der kann nur Gesetze für sozialen Ausgleich beschließen. Private Organisationen und Vereine an den Brennpunkten der Welt Hilfe leisten. Jeder einzelne aber kann, wenn er es will, sich bemühen, Gutes zu tun. Es ist nicht schwer, ein Wort zur rechten Zeit zu finden, das tröstet, ermutigt. Umarmen ohne ein einziges Wort rettet aus tiefster Verzweiflung.

Sind auch Sie der Meinung, Menschen können gut miteinander auskommen, wenn sie es wollen? Dann machen Sie es auf den folgenden Seiten zum Bestandteil dieses Buches. Beschreiben Sie, was Sie in Ihrem Leben am stärksten beeindruckt hat. Motiviert vielleicht, Ihr eigenes Leben zu ändern. Die es lesen, werde nachdenklich. Und ein Anfang wäre gemacht.

Über den Autor

Otto W. Bringer, 94, vielseitig be-
gabter Autor. Malt, bildhauert, foto-
grafiert, spielt Klavier und schreibt,
schreibt. War im Brotberuf Inhaber
einer Agentur für Kommunikation.
Dozierte an der Akademie für Mar-
keting-Kommunikation in Köln.
Freie Stunden genutzt, das Leben in Verse zu gießen.
Mit 80 pensioniert und begonnen Prosa zu schreiben.
Sein Schreibstil ist narrativ, "ich erzähle" sagt er. Seine Themen sind die Liebe, alles Schöne dieser Welt.
Aber auch der Tod seiner Frau. Bruderkrieg in Palästina. Werteverfall in der Gesellschaft. Die Vergäng-
lichkeit aller Dinge, die wir lieben. Die zwei Seelen in
seiner Brust.

Weitere Bücher von Otto W. Bringer

"ROSE LEBT": Wieder auferstanden in diesem Buch. Lebendig in Bildern und Liebesbriefen an die Verstorbene.
Taschenbuch mit 230 Seiten und 15 Fotos

"MALLORCA mit allen Sinnen": Land und Leute kennen und lieben gelernt. Das Meer, die Buchten, in Finkas gewohnt und in Nobelhotels. Mit Einheimischen gefeiert.
Taschenbuch mit 212 Seiten und 21 Fotos, auch als ebook lieferbar

"ITALIEN mit allen Sinnen": Die Wiege abendländischer Kultur. Ziel ihrer Sehnsucht, Menschen kennenzulernen. Zu sehen, zu erleben, was Kunst ist. Einschließlich kulinarischer Genüsse.
Taschenbuch mit 242 Seiten und 21 Fotos, auch als ebook lieferbar

"FRANKREICH mit allen Sinnen": Nachbarland, in dem Geschichte lebendig ist. In römischen Theatern, Klöstern und Königsschlössern. Kultur eingeatmet, Geschichte hautnah erlebt. Sterneküche und Bistros genossen.

Taschenbuch mit 220 Seiten und 30 Fotos, auch als ebook lieferbar

"ZUHAUSE – Wo?" Autobiographie, eine lange, detailreiche Geschichte. Mit Niederlagen und Siegen. Überraschenden Höhepunkten und geplanten Erfolgen. Liebe und Tod die Eckpunkte allen Geschehens.

Taschenbuch mit 443 Seiten

"GESICHTER das Rätsel hinter den Fassaden" Alles hat ein Gesicht. Essays über Pharaos Goldmaske, Jesus von Nazareth, Karl der Große, Goethe, Adenauer, Marilyn Monroe u.a. Ein Hund, Landschaft, Städte und der Autor selbst im Spiegel. Findet er des Rätsels Lösung?

Taschenbuch mit 250 Seiten und 18 Abb., auch als ebook lieferbar

"AUGE um AUGE": Roman über den Konflikt zwischen Juden und Palästinensern. Politische und gesellschaftliche Probleme. Ein Mann und zwei Frauen darin verwickelt. Eine von ihnen ist Jüdin. Engagiert mit ihrem Freund für Versöhnung. Sie lernen sich kennen und das Drama nimmt seinen Verlauf. Tote auf allen Seiten. Ein Mann, eine Frau bleiben und ein dreijähriges Kind.

Taschenbuch und Hardcover mit 286 Seiten, auch als ebook lieferbar

"PORCUS – das charakterlose Schwein" Fast ein Krimi. Lebenslauf von Gymnasiasten, die sich mit lateinischem Namen ansprechen. Porcus einer, der sie verpetzte, als sie in der Pause mit Mädchen schmusten. Später versuchte er einen von ihnen zu töten. Was ihm nach vielen schlimmen Ereignissen zum Schluss auch gelang. Weil er einen schlechten Charakter hatte?

Taschenbuch und Hardcover, 224 Seiten, auch als ebook lieferbar

"**Das Rätsel Frau**" – aus der Sicht des Mannes. Weil sie anders ist. Nicht nur anders aussieht, sondern vor allem anders denkt, fühlt, reagiert und entscheidet.

Taschenbuch und Hardcover mit 144 Seiten, auch als ebook lieferbar

"**Fräulein QUAKIS Versuche ein Mensch zu werden**". Geschichte einer Freundschaft zwischen einem kleinen Mädchen und einem Froschfräulein. Was so hoffnungsvoll begann, endet in einem Desaster. Alle Versuche Deutsch zu lernen scheitern. Wundermittel, Wallfahrten und Gentransplantion bleiben erfolglos. Sie bleibt ein Frosch. Und endet nicht wie der Frosch in Grimms Märchen. Taschenbuch und Hardcover mit 104 Seiten, auch als ebook lieferbar

"Adieu – Nichts bleibt ..."

Jeder weiß, dass Abschiednehmen zum Leben gehört. Sich trennen müssen von dem, was wir lieben, gewohnt sind. Wir verdrängen den Gedanken daran, aber es hilft uns nicht. Leben heißt sich verändern. Kommen und gehen wie Frühling, Sommer, Herbst und Winter. Wachsen und reifen und sterben. Sonst wäre es nicht lebendig, sondern tot.

In 38 Kurzgeschichten erzählt der Autor, wie er selbst und viele andere dieses ständige Abschiednehmen erlebten. Besser gesagt überlebten. Jedes Mal tieftraurig danach, gefasst oder reifer geworden in Einsicht und Charakter. Entschlossen Neues zu beginnen oder es hinzunehmen wie ein unvermeidliches Schicksal.

Taschenbuch und Hardcover, 187 Seiten, auch als ebook lieferbar

"Mann Gottes" Der Mann Theologe und Dozent an einer katholischen Akademie. Die Frau heimgekehrte Russlanddeutsche, verheiratet. Sie verlieben sich, begehren einander. Probleme bleiben nicht aus. Innere Zweifel, äußere Zwänge führen zu einem Fiasko.

Taschenbuch und Hardcover, 224 Seiten, auch als ebook lieferbar

"Ich bin nicht der ich bin" Wer bin ich? Die Frage treibt den Autor um. Denkt und denkt und kommt nach vielen gedanklichen Pirouetten zur Erkenntnis: ich bin ein Mensch wie andere. Mal so, mal so. Wechselhaft wie das Wetter.

Taschenbuch und Hardcover, 83 Seiten, auch als ebook lieferbar

„Das Haar in der Apokalypse" Die aufregende Geschichte von einem Haar aus der Wolle eines provençalischen Schafes, im 14. Jahrhundert zu Garn gesponnen, zum Gewand des Apostels Johannes und Gottvaters geknüpft. In fantastischen Bildern der Apokalypse, den Endzeitgesängen des Johannes, auf riesengroßen Teppichen nebeneinander gehängt in einer Länge von über 100 Metern.

Ein ausdrucksvoll eindringliches Spektakel mittelalterlicher Vorstellungen vom Ende der Welt - und einem Haar, das nicht sterben wird, solange die Teppiche im Schloss von Angers an der Loire hängen.

Taschenbuch und Hardcover mit 136 Seiten. Auch als ebook lieferbar.

„ALTER EGO – das andere Ich" Das Leben eines Mannes, der zweihundert werden will. Unterwegs zu den fantastischsten Abenteuern. Alltags in Freiburg, im Universum auf den Flügeln seiner Fantasie. Und bei sich selbst. Herauszufinden, wer er ist. Liebt, malt, spielt Klavier, kocht. Ein Mensch mit mehr als zwei Identitäten? Alle in einer Person? Mehr als Gott in drei. Höchst spannend, seiner Vita zu folgen. Der Auferstehung seiner toten Rose.

Taschenbuch und Hardcover mit 384 Seiten. Auch als ebook lieferbar.

„Das Experiment" Parabel könnte man dieses Buch nennen. Philippe Emmanuel Escargot ist klein von Gestalt. Hoch begabt, träumt, der Größte zu werden. Die Idee Im Kopf, Häuser für Menschen zu bauen, die wie Schneckenhäuser aussehen und funktionieren. Zuhause sein und unterwegs gleichzeitig. Studiert Architektur, experimentiert, verliebt sich. Scheitert, beginnt wieder von Neuem. Er will mit seiner Freundin im Schneckenhaus wohnen. Das Experiment gelingt, wie es den Anschein hat.

Taschenbuch und Hardcover mit 244 Seiten. Auch als ebook lieferbar.

In der modernen Welt wird es für das Individuum zunehmend schwieriger, sich gegen Visionen von Größe bei Politikern zu behaupten und Moden aller Art, die laufend wechseln. Globalisierung und Digitalisierung nehmen zu, in bisher unvorstellbarem Tempo, gefährden Arbeitsplätze, verwischen Maßstäbe. Groß muss alles sein, um mehr Macht zu haben. Der Einzelne scheint wehrlos. Die Gefahr, sich selbst zu verlieren, ist groß – Selbstbestimmung nur noch ein Wunschbild? Beispiele in diesem Buch zeigen, dass es geht, wenn der Mensch seine Ansprüche reduziert und ein bisschen Mut aufbringt der zu sein, der er ist.

Taschenbuch und Hardcover mit 228 Seiten. Auch als ebook lieferbar.

Friedrich II., Kaiser des Heiligen Römischen Reiches — der mächtigste und fortschrittlichste Potentat seiner Zeit wird aller Ämter beraubt. Was macht ein Mann, den die Kirche entmachtete? Der als Erster ein Gesetz zur Reinhaltung der Luft erließ? Der Fremde in sein Land holte, um es zu bereichern? Der Universitäten gründete, Bücher schrieb und Frauen nicht nur liebte, um Nachfolger zu haben?

Taschenbuch und Hardcover mit 400 Seiten. Auch als ebook lieferbar.

Nichts bewegt Menschen so sehr wie Sterben und Tod. Die Angst vor dem endgültigen Aus besteht zwar meist unbewusst, treibt uns aber an und motiviert uns, am Leben zu hängen, es zu lieben - mit allen Fasern unseres Seins.

Dieses Buch definiert Gründe für die Angst vor dem Tod, ebenso die Tricks, ihm auszuweichen, ihn zu ignorieren sowie die Rolle der Religionen dabei - vom sogenannt »finsteren Mittelalter« bis in die aufgeklärte Gegenwart.

Wer es aufmerksam liest, entdeckt hinter allem Positives. Das Buch ist eine Aufklärungsschrift über die Macht des Todes, aber ebenso eine einzige Hymne an das Leben. Die Bekenntnisse des Autors: Liebeserklärungen eines Optimisten.

Taschenbuch und Hardcover mit 356 Seiten. Auch als ebook lieferbar.

In diesem Buch hat ein Poet sich inspirieren lassen, Obst und Gemüse auf seine Weise gesehen und interpretiert – anders als Markt, Supermarkt und Biologen es definieren. Formen verändern sich und bleiben, was sie sind. Farbe zeigt Wechselwirkungen. Alltägliches kommt auf neue Gedanken, träumt Schönes, wird Bild und Vers.

108 Seiten, auch als E-Book lieferbar.

Gläser, Schalen, Krüge aus flüssigem Kalk-Natron – geblasene gläserne Gegenstände sind nützlich zumeist. Schön manchmal. Immer aber zerbrechlich. Es könnte dahinter noch was zu entdecken sein. Anregendes. Nachdenkliches. Gefühle wecken. Erinnern, bewegen und hoffen wider alle Hoffnung.

Alles das kann geschehen, denn der Autor dieses Büchleins hat Gläsernes ins rechte Licht gerückt. Im richtigen Moment auf den Auslöser der Kamera gedrückt. Die Fotos im PC modifiziert. Um sich inspirieren zu lassen zu dem, was Sie in diesem Büchlein lesen. Glücklich, wenn Schönes Sie berührt. Und nachdenklich. Erkennen Sie sich selbst in dem ein oder anderen.

Taschenbuch und Hardcover mit 96 Seiten. Auch als E-Book lieferbar.

ROLLENTAUSCH ist ein Bühnenstück, das die bisherige Lesart auf den Kopf stellt. Laut Bibel hat Gottvater zuerst den Mann erschaffen, dann erst Eva. Der Autor lässt in seinem Bühnenstück Gott seinen Schöpfungsakt überdenken und zu dem Entschluss kommen, noch mal von vorne zu beginnen und die Frau als Erste zu erschaffen. Ein Gleichnis mit vielen Bezügen zu aktuellen Äußerungen und Ereignissen.

Taschenbuch mit 104 Seiten.

Otto W. Bringer
WER BIST DU, PAPA?
Warum hast du mich
nie umarmt? Gesagt,
was du denkst, fühlst,
dass du kein Nazi warst?

tredition

Der Autor wusste praktisch nichts über seinen Vater, was er gedacht, gefühlt, geliebt. Wie sein beruflicher Alltag aussah. Nur ein altes Foto, zufällig entdeckt beim Aufräumen. Sich nur erinnert, was er gesehen, gefühlt als Kind. Schüler, Flakhelfer und Soldat Ende des Zweiten Weltkrieges. Gewusst nur, dass sein Vater 1915/16 als Soldat in Riga war. Fragt sich: War er beteiligt an der Zerstörung der Stadt? An der Verhaftung von Juden?

Taschenbuch und Hardcover mit 240 Seiten. Auch als E-Book lieferbar.

Otto W. Bringer
Die Macht der Meinung
gesprochen, gedruckt oder digitalisiert

tredition

Jeder hat eine Meinung von Dingen, Gott, Natur, Politik und allem, was passiert. Auch von sich und anderen Menschen. Solange sie nicht andere beleidigt oder bedroht, ist sie legitim. Lobenswert die Meinung anderer zu akzeptierten, auch wenn sie der eigenen widerspricht. Ideal geradezu, lädt sie ein zu diskutieren, einen gemeinsamen Nenner zu finden, einen Kompromiss. In diesem Buch hat der Autor alle Aspekte der Meinungsbildung erläutert. Ursachen, Methoden, Meinungen friedlich zu äußern oder anderen gewaltsam aufzuzwingen. Gelangt zu der Erkenntnis, dass heute eine Meinungs-Diktatur herrscht.

Taschenbuch und Hardcover mit 196 Seiten. Auch als E-Book lieferbar.

Wer ist dieser Piccolo? Dem Zunamen nach Italiener. Erfolgreicher Enkel des ersten Einwanderers aus Sizilien. Fritz statt Federico zeigt, er hat sich gut integriert. Ein i im Namen, wie abertausend andere. Mit einem Punkt darüber, sonst hieße er nicht Piccolo. Der einzige Buchstabe im Alphabet mit einem Punkt muss ihn fasziniert haben, denn alle seine Produkte haben ein i im Namen. Sie scheinen unauffällig, überraschen den Käufer in der täglichen Praxis.

Der 1,52 m kleine Mann hat Visionen und Einmaliges im Sinn, das er noch geheim hält. Bundeskanzler Schmidt hätte ihn zum Arzt geschickt. Fritz Piccolo aber ist ein ganz besonderer Visionär. Hätte Schmidt ihn persönlich gekannt, wäre er Psychotherapeut geworden statt Politiker, um Piccolo sein Geheimnis zu entlocken.

Taschenbuch und Hardcover mit 260 Seiten. Auch als E-Book lieferbar.

Wer ist schon mit seinem Rufnamen einverstanden, auf den er keinen Einfluss hatte? Der Protagonist dieses Büchleins ist einer, der seinen Namen nicht mochte. Otto klang ihm zu altbacken. Bis eine Freundin ihm vorschlug, seinen Namen auf zwei Buchstaben zu verkürzen. Raten Sie mal, welche.

Taschenbuch und Hardcover mit 84 Seiten. Auch als E-Book lieferbar.

Wer hat sich nicht schon einmal gewünscht, Verstorbene wieder zum Leben zu erwecken, sie zu lieben, mit ihnen gemeinsam von vorne anzufangen? Gelänge es ihnen, wären sie Jesus, der Einzige, dem es gelang, wieder aufzuerstehen und auch allen Sterblichen ewiges Leben im Jenseits versprach, wenn sie an ihn glauben, seinen Gebote folgen.

Auch in anderen Religionen gibt es ein Weiterleben nach dem Tod. Weil Menschen sich wünschen, ewig zu leben?

Mit Sachkenntnis und Fantasie schafft es der Autor, dass wir Toten von 1540 v. Chr. bis heute begegnen.

Taschenbuch und Hardcover mit 368 Seiten. Auch als E-Book lieferbar.

Man kann den Eindruck gewinnen, dass Männer noch nie so in der Kritik standen wie heute. Frauen klagen vor Gericht, von ihnen belästigt und vergewaltigt worden zu sein. Gleichberechtigung in Familie und Beruf wird durch Quoten abgesichert.

Der Autor dieses Buches sucht und findet einleuchtende Erklärungen für das Verhalten der Männer, ohne sie zu entschuldigen. Für Leserinnen und Leser finden sich genügend Anstöße, Konsequenzen zu ziehen.

Taschenbuch und Hardcover mit 152 Seiten. Auch als E-Book lieferbar.

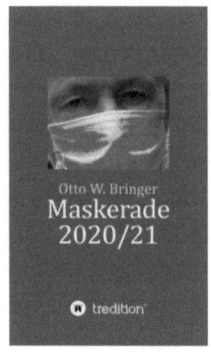

Otto W. Bringer
Maskerade
2020/21

Ⓜ tredition

Was geschähe, wenn Corona-Viren katholisch wären? Oder zurückgeschickt werden könnten? Dahin, woher sie kamen. Wie Pakete von Online-Versendern? Zwei Fragen von vielen, die der Autor beantwortet, wenn er aus seinem Leben erzählt, vom Bedürfnis der Menschen, allem Bösen zu entfliehen, sich selbst mit einer Maske neu zu erfinden und doch Corona mit allen Folgen ausgeliefert zu sein. Ob Glauben hilft? Oder Corona als Witz der Geschichte parodieren? Wie bekannte Comedians zurzeit in allen Fernsehsendern. Umso mehr lohnt es sich, dieses Buch zu lesen. Ganz bei sich sein. Maske, Distanz und den Spaß vor der Flimmerkiste vergessen. Corona sei Dank.

Taschenbuch und Hardcover mit 180 Seiten. Auch als E-Book lieferbar.

Zeitfracht Medien GmbH
Ferdinand-Jühlke-Straße 7
99095 Erfurt, Deutschland
produktsicherheit@kolibri360.de